平安京は正三角形でできていた！

京都の風水地理学

円満字洋介
Yousuke Enmanji

JIPPI Compact

実業之日本社

はじめに

江戸時代まで、風水は立派な一般教養だった。明治以降の急激な西洋化に伴い東洋的な教養は否定され忘れられていった。いまでは風水という言葉はあやしげなオカルトの類までも指す。しかし、私が本書で取り上げた風水は陰陽《おんよう》五行説《ごぎょうせつ》と易経《えききょう》に限っている。この二つは正統な東洋知識であり、決してオカルトではない。そのことを最初に断っておく。

私がここで風水を持ち出すのは、何も現代に風水を再興しようと思ってのことではない。江戸時代以前の古い建築や美術を観るとき、それが作られた時代の常識を知らなければ正しく理解できないと思うからだ。

たとえば水辺に咲くアヤメはなぜ青なのか、風神が緑で雷神が白なのはなぜか。こうしたことは風水の常識を知っていれば自然と理解できる。作者は一般人によく分かるように常識的に色を決めたし、観た者も常識に照らしてその意味をすぐに了解することができた。私は古いものを観るときには当時の人たちの考え方を踏まえるべきだと考えている。

ちなみにアヤメが青なのは、五行説上で青が春を象徴するからだ。風神が緑なのは、九星図における風の色が緑だからであり、雷神が白なのは、同様に九星図における天の色が白だからだ。すなわち雷神は天神でもあることをここでは示している。こうしたことが現代では分からなくなってしまった。

本書では、長らく謎とされた都造りの理論を風水知識を用いて読み解いた。当時の設計者ならこう考えるだろうという推論である。この部分は二〇一四年に中国・杭州《こうしゅう》で開かれた建築交流国際シンポジウムで発表した論文を使ったが、肩のこらない読みものとするために全面的に書き改めた。ほかに聖地、庭園、秀吉による天正《てんしょう》の都市改造について風水的な分析を試みた。風水では地図の上を南とする。南が天で北が地だからだ。本書では易読みをする場合のみ上を南に置き換えている。

風水知識については適宜、必要な説明を加えた。風水を全く知らなくても読み進めることができる。そして、本書を読み終えれば風水の基本知識を得られるはずだ。第一章から順に読む前提で書いたが、巻末に用語集を加えたので、それを活用すれば途中から読むこともできる。本書を通して風水知識を使った謎解きのおもしろさを感じてもらえれば幸いである。

目次

第2章
聖地の風水地理学

第3章 庭園の風水地理学

第4章

天正の都市改造の風水地理学

※巻頭カラー口絵の地図、図9、図34、図44、図48、図65、図74は、ＤＡＮ杉本氏の「カシミール３Ｄ」と「スーパー地形セット」、国土地理院の「地理院地図」を使用して作成しました。
※図51、53は、国土地理院の「地理院地図」を使用しました。

第1章

平安京の風水地理学

01 平安京の正三角形

〈現状〉 なぜ正三角形なのか

平安京の復元図を眺めていておもしろいことに気づいた。二条通を底辺とし羅生門《らしょうもん》を頂点とする南向きの正三角形がすっぽり入るのである。これはいったい何のまじないだろうか［図1］。

手がかり その一 二条通の意味

日本の都は隋《ずい》の大興城《だいこうじょう》（後の唐の長安）をお手本にしたといわれている。大興城を設計したのは希代の発明家にして建築家である宇文愷《うぶんがい》だった。彼は東西に延びる横街という通りで都を南北に二分した。この通りはメインストリートの朱雀大街《すざくたいがい》と同じくらいの広さがあった。横街は都にとって第二のメインストリートと呼んでもおかしくない。それほど重要な道だった［図2］。日本の都で横街にあたるのが二条通である。この正三角形がほかでもないこの二条通を底辺とする以上、平安京にとっても重要な意味づけがあるに違いない。

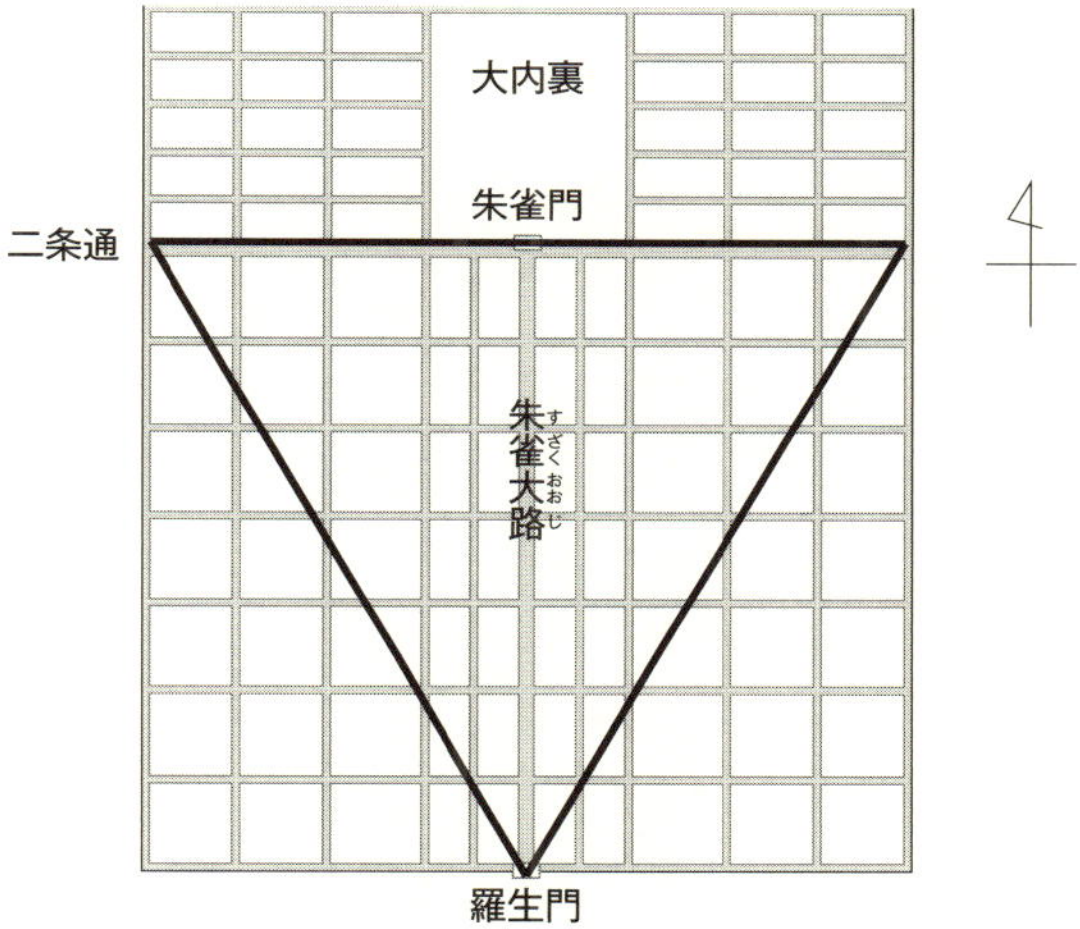

図１　平安京の正三角形

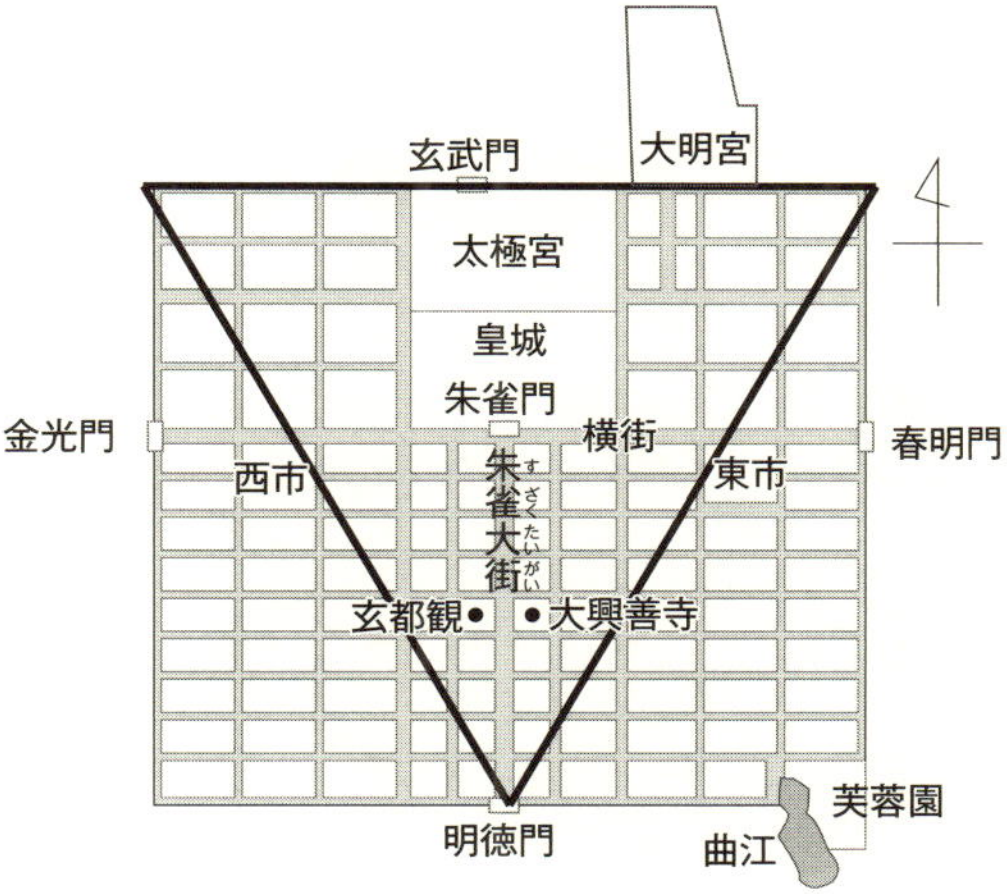

図２　大興城（長安）の正三角形

手がかり その二 **火の数字に彩られた朱雀大路**

平安京の朱雀大路は火の道である。五行説によれば朱雀の朱は火気《かき》の色であり、鳥類は火気の生き物だからだ。

五行説についての前知識

五行説とは森羅万象を木火土金水《ぼっかどごんすい》の五気に配当し、それらの循環で世界を説くものだ。たとえば、中華料理の五目炒めは五気を表わす五色によって構成されている。青赤黄白黒の五色を揃えればすべての五気を集めたことになる。それは完全で完成された世界を象徴し祝祭にふさわしい料理となる。

おおむね五色、五味、五感など「五」で分類される事象は五行配当と考えて差しつかえない。たとえば五味は、酸味ー木気《もっき》、苦味ー火気、甘味ー土気《どき》、ピリ辛さー金気《きんき》、塩辛さー水気《すいき》の五気である。同様に数字も五行に配当されており火を示すのは二と七だ。

さて、朱雀大路が火の道であることを示すのは名前だけではない。この通りは火を示す二と七の数字に彩られている。

まず、朱雀大路は二条通から九条通までだから長さは七条となる。さらに朱雀大路の南北を護る羅生門と朱雀門は、柱が八本×三列あるので間口で数えれば七間×二間と火の数字でできている。

なぜ火気で設計されているのか。それは火気に配当された方角である南が天を象徴するからだろう。天は最大の陽気だから、もっとも明るくて暖かい南が天を象徴する。「君子南面す」というのはこの意味の言葉で、天子は南面して火気の方角の天を遥拝するという意味だ。だから朱雀大路を火気の数字で彩り、これが天へ至る道であることを示そうとしているわけだ。

手がかり その三　火の三合

五行説は季節も五つに分類する。春―木気、夏―火気、秋―金気、冬―水気、土用―土気であり、季節は四つではなく五つある。

三合についての前知識

おもしろいのは、それぞれの季節に配当された気は一つ前の季節に生まれ、次の季節に消えると考えたことだ［図3］［図4］。ここに現れる正三角形を「三合《さんごう》」と呼ぶ。

五行説において方角は季節と対応している。東―春―木気、南―夏―火気、西―秋―金気、北―冬―水気、中央―土用―土気となる。これは天球上の太陽の運行をなぞったもので、風水はそもそも暦を作るための理論だったことが分かる。

では平安京に刻印された南向きの正三角形は何なのか。これは火の三合である。

〈推論〉 火の正三角形

平安京の設計者は、二条通から南側に火の三合を当てはめて都の形を決めた。火の数字である二を名前にもつ二条通を底辺として正三角形の頂点を羅生門とした。その正三角形の中に火の門である朱雀門から、羅生門へ向けて火の道を貫く。これが平安京の基本コンセプトであったと推定できる。

なぜそこまで火にこだわったのか。それは朱雀大路が正しく天に至る道であることを示したかったからにほかならない。都は大内裏《だいだいり》におわす天子様が天と向き合うための祈りの装置であるように見える。そしてこの火の正三角形は宇文愷の設計した大興城にも当てはまっている。

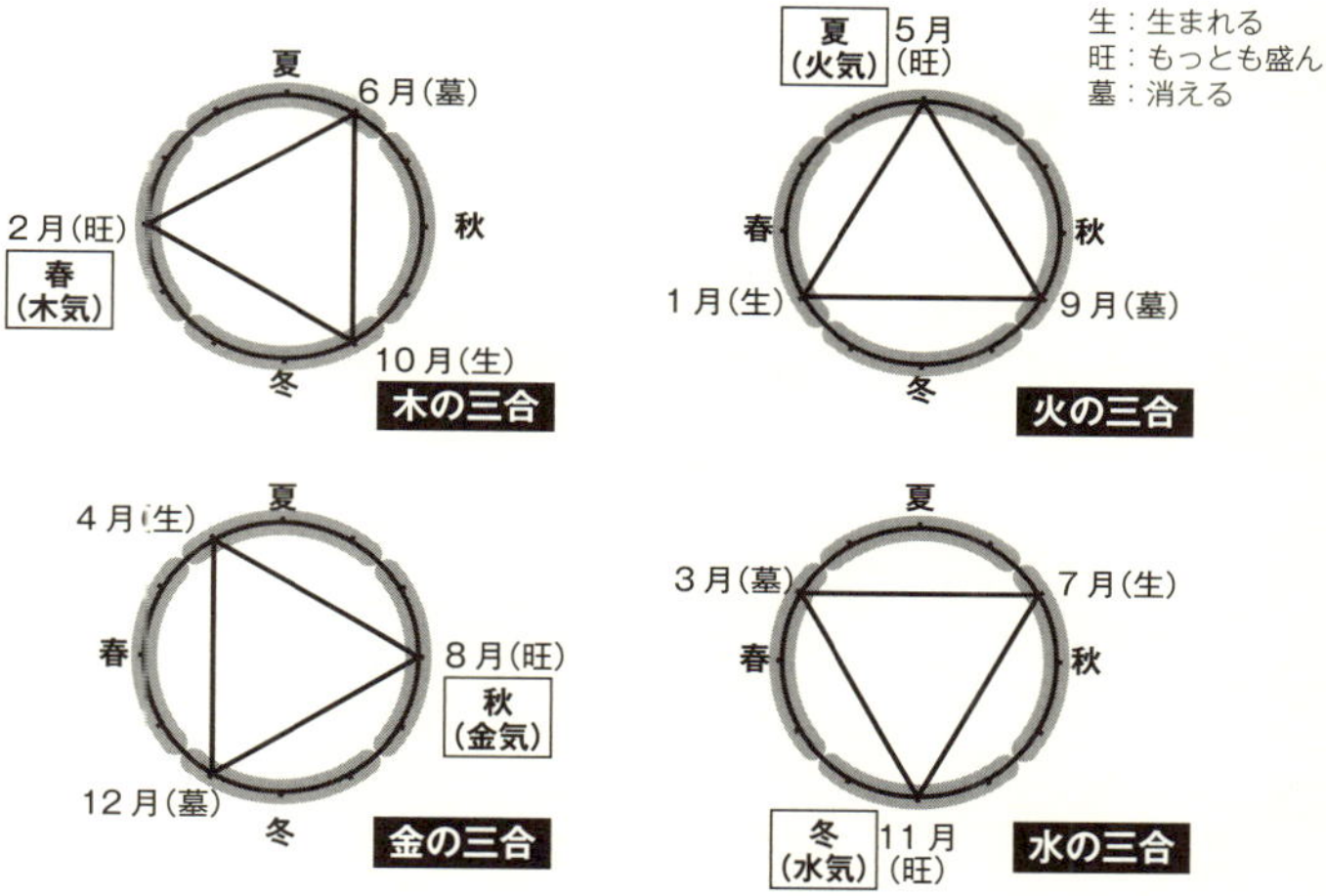

図３　三合模式図

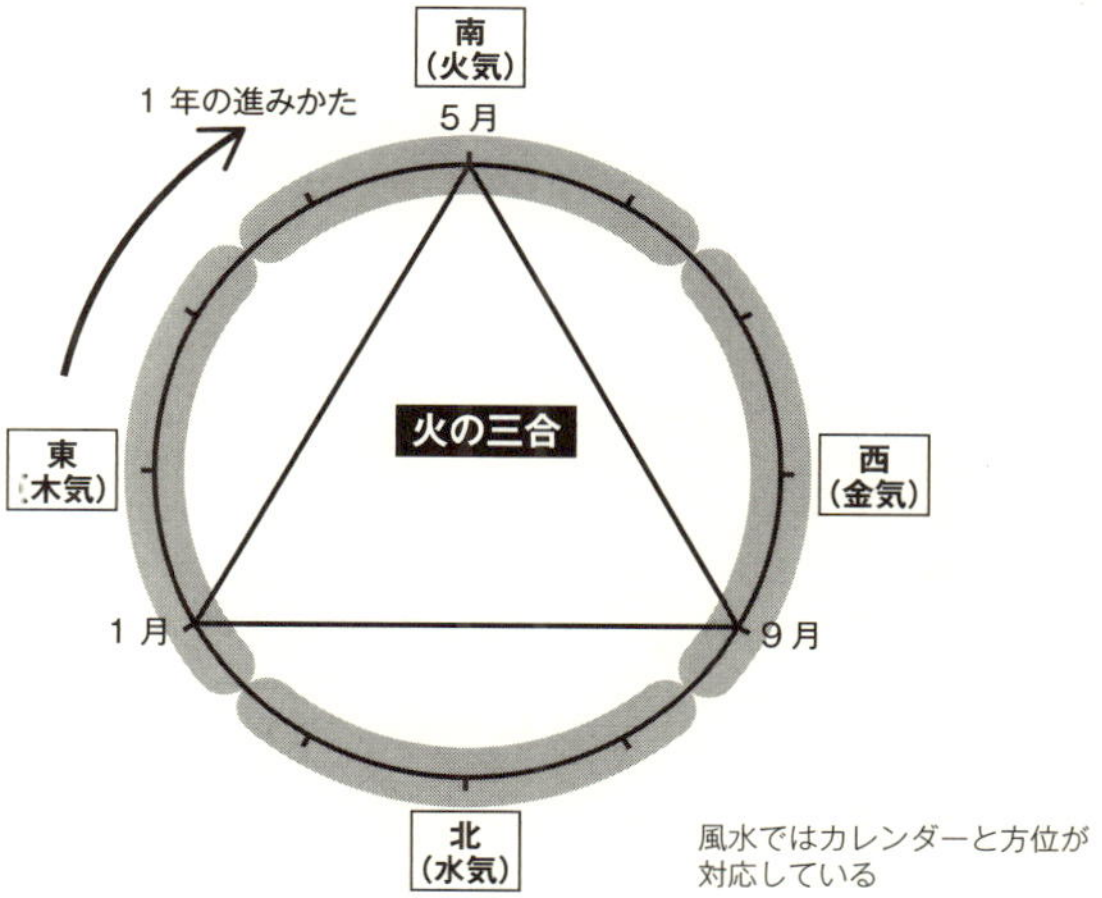

図４　火の三合と方位の関係

02
平安京の六芒星

〈現状〉 なぜ六角形なのか

平安京が火の三合で設計されていることを前節で見た。ここで確かめておきたいのは、火の三合が入るのなら逆三角形の水の三合も入るのかどうかということだ。もちろん図上ではどちらの正三角形も入る。しかし結論からいえば水の三合は成り立たない。

まずお手本となった大興城を見てみよう。水の三合の北端頂点に玄武門《げんぶもん》がある。玄武は北の星座を表わす神獣である。よく見てほしい。玄武門は頂点から西へずれているのだ。これは水の三合が成り立たないことを示している。

なぜ水の三合はだめなのか。火と水の三合が同時に成り立てば、そこに「水克火《すいこくか》」の関係が成立してしまうからだ。「克す」とは相手を減らしたり滅するという意味で「水克火」とは水気によって火気を消してしまうことを示す。せっかく作った火の道が水の三合の働きで消されてしまっては元も子もない。だから玄武門をわざわざずらして、都には火の三合しか入っていないことを強調したのだろう［図5］。平安京の場合は、水の三合の頂点にあたる門を「朱雀門」と名付けることで水気を否定しているように見える。

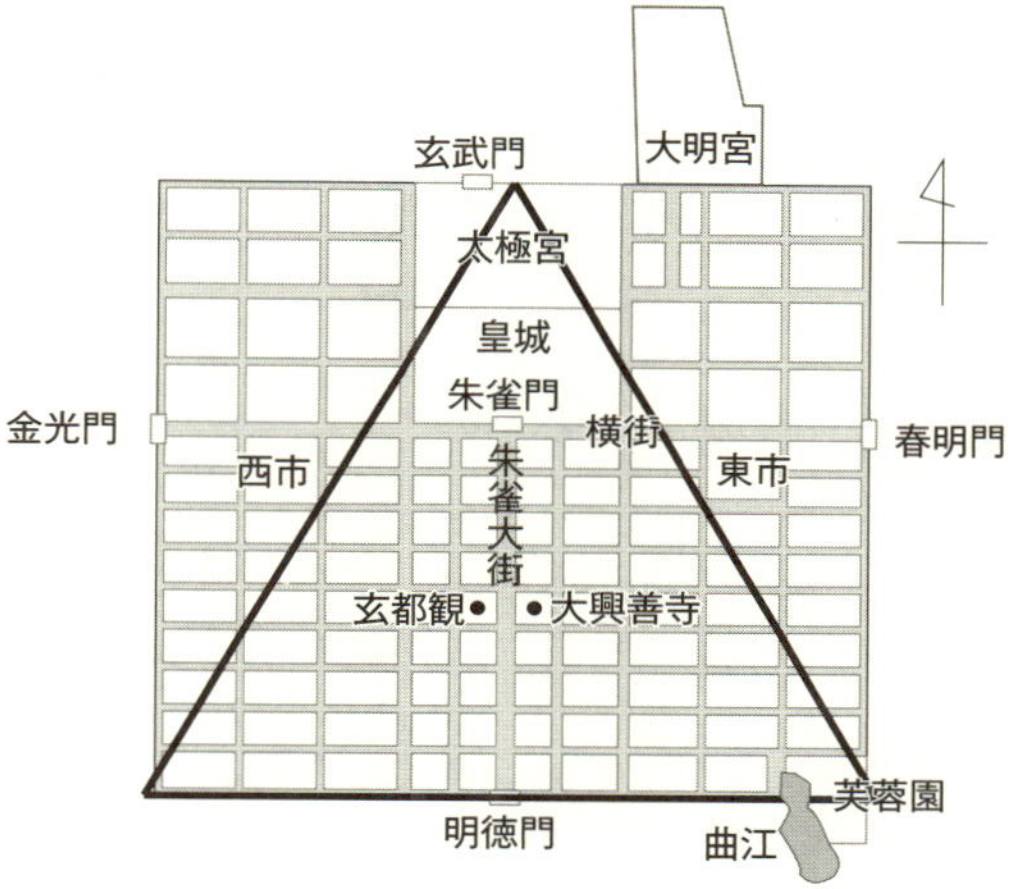

図５　大興城の水の三合と玄武門

さて、正三角形の入る長方形には正六角形もすっぽり入る［図6］［図7］。これはいったい何だろう。

手がかり その一　金気は木気を克《こく》す

これは正三角形が二つ組み合わさった形で六芒星《ろくぼうせい》と呼ばれている。この場合の三角形は木気の三合と金気の三合と考えて差し支えない。この二つの三合が揃えばそこに「金克木《きんこくもく》」の関係が成立する。金属製の斧が大木を伐り倒すように、金気は木気を滅するのだ。

手がかり その二 疫病は木気である

風邪という言葉があるように、伝染病は風のようなものだと考えられていた。風が吹き込むように病は身体に入り込む。ウイルスによる感染を経験的に知っていたのだろう。そして風は木気に配当される。風に揺れる樹木を見ていると木と風とがよく親和していることが分かる。だから風を木気に当てたのだろう。昔の人は自然をよく観ている。

〈推論〉 防疫のための六芒星

いまでもそうだが、大多数が集中して住むという不自然な状態では伝染病が流行するリスクが高まる。それを防ぐためには上水と下水の管理が欠かせないが、それとは別に呪的な予防も都にほどこしておきたい。そのために「金克木」の六芒星を使ったと推定できる。大興城も平安京も形を決める際に用いた図形は正三角形だったが、そこにおのずと現れる六芒星もまた都市防疫のための呪的装置として使ったのである。

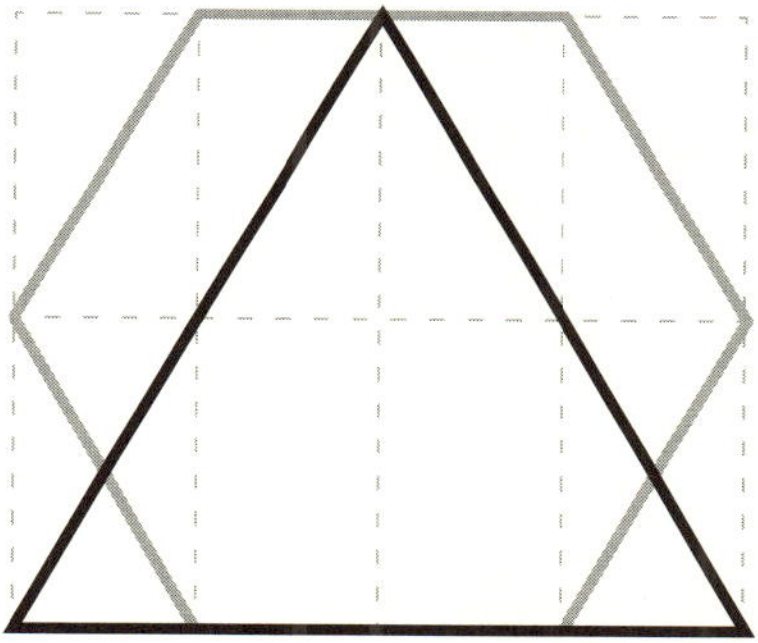

図６　正三角形と正六角形の関係

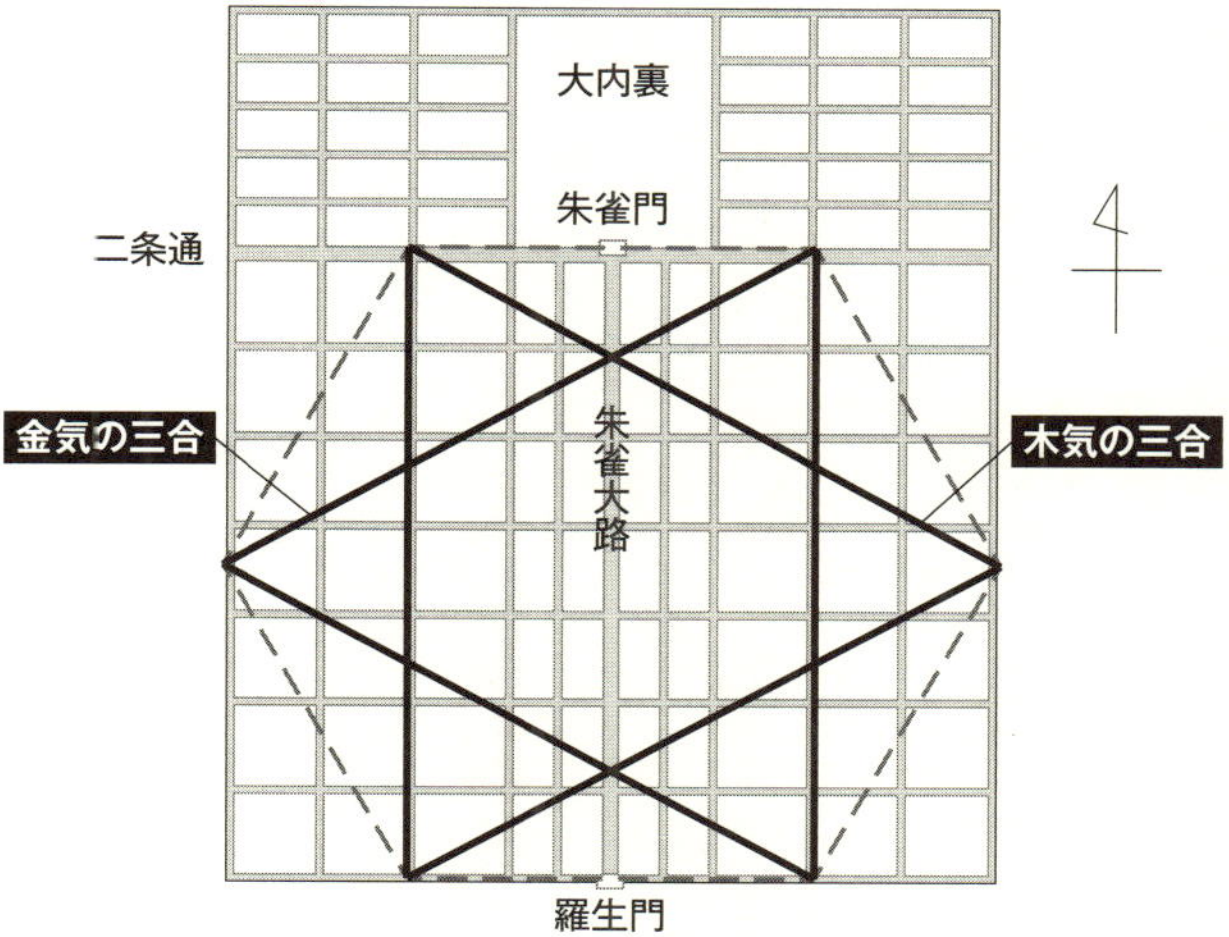

図７　平安京の六芒星

03

大内裏を二段に分ける方法

〈現状〉段差の謎

平安京の中心区画は大内裏《だいだいり》と呼ばれ、朝堂院《ちょうどういん》をはじめとする国政の重要施設が集まっていた。天皇の住まいである内裏《だいり》は朝堂院の東北にあったが、現在そのあたりはくぼ地となっている。このくぼ地は豊臣秀吉の造った聚楽第《じゅらくだい》の堀跡で、平安京の紫宸殿《ししんでん》跡はすっぽり掘り取られてなくなってしまった。では何の痕跡も残っていないかといえばそうでもない［図8］。

内裏跡の前を東西に延びる下立売通《しもたちうり》の南側に小さな段差がある。写真で見るように少し坂になっているので歩けばよく分かる［写真1］。3D地図で確かめるとこの段差は東西にまっすぐ伸びているので、これが人工的な段差であることは間違いない。さて、この段差はいったい何なのか？［図9］

手がかり その一　真北と磁北

最初に思い浮かぶのは下立売通を整備したときの造成ではないかというものだろう。だ

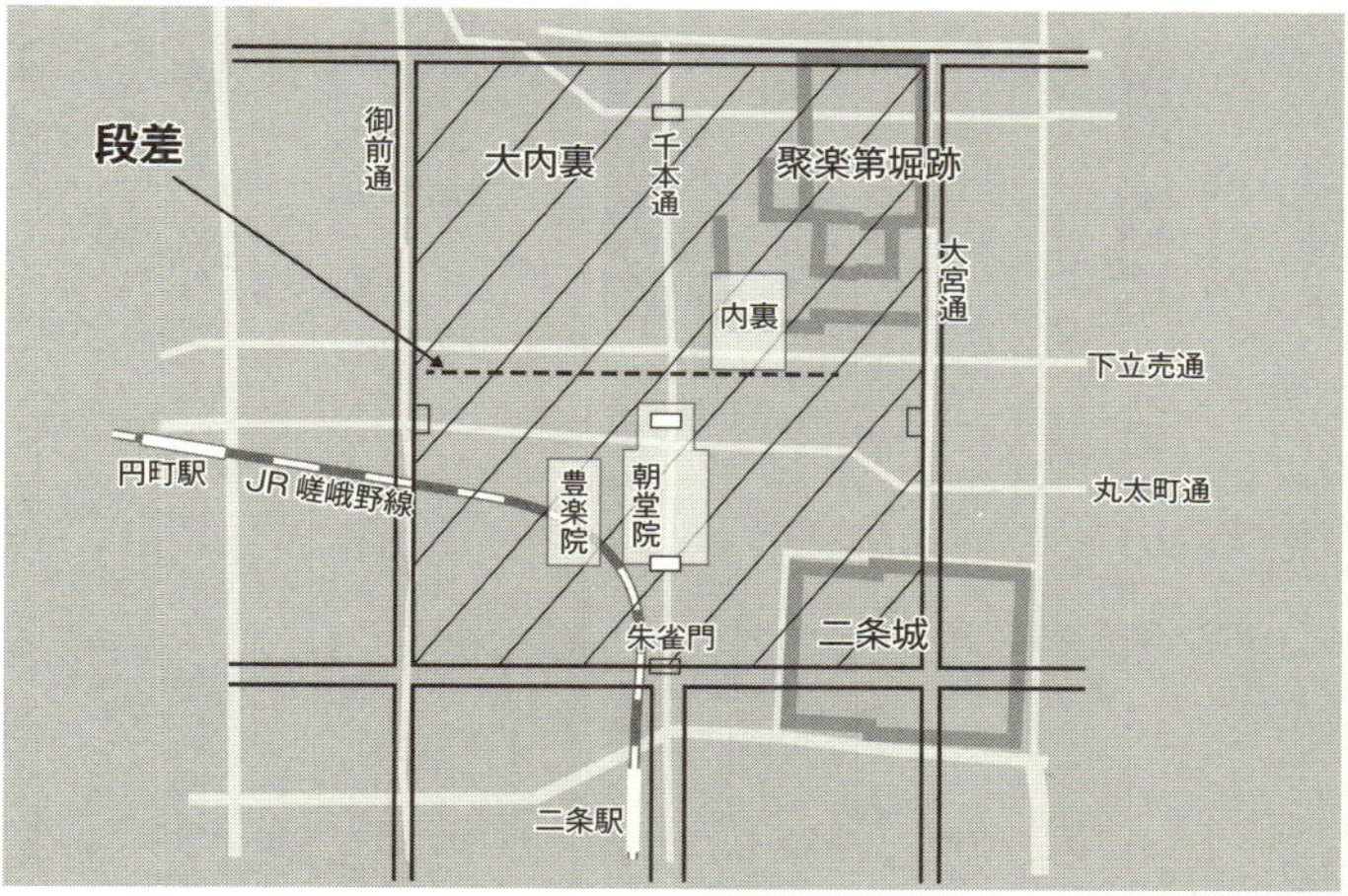

図８　内裏と聚楽第（現在の地図上に大内裏の図を重ねている）（立命館大学アート・リサーチセンター「平安京オーバレイマップ」上の、京都市平安京創生館「平安京跡イメージマップ」をもとに作成）

写真１　内裏周辺の段差（京都市上京区中村町）突き当りが下立売通

が地図をよく見てほしい。通りと段差とは平行ではないのだ。下立売通のほうは真の東西から若干傾いている。これは道を造るとき真北ではなく磁北《じほく》を使ったからと考えられる。
秀吉のころは磁石を置いた羅盤《らばん》で方位や風水を観た。だから聚楽第も二条城も真北から少し傾いている。磁北は年々変化するので傾きは測量した時点での磁北に従う。下立売通は二条城とほぼ同じ傾きなので、同時期の整備なのかも知れない。一方問題の段差は真の東西を指しており、下立売通とは関係がないことが分かる。

手がかり その二　**段差の始まりと終わり**

この段差は地図で見るように西の天神川のあたりから東の堀川あたりまで続く。始点と終点ははっきりせず、ひょっとするともっと続いているのかもしれない。比較的はっきりしているのは御前通《おんまえどおり》から大宮通までだ。これはちょうど大内裏の西端と東端にあたる。大内裏はこの段差によって南北に二分されているわけだ。

手がかり その三　**大興城の六坡《は》**

似た事例がある。それは隋の都として建設された大興城、後の唐の都・長安である。大興城を造るときその敷地には六筋の高坡《こうは》があったという。坡とは土手とか坂とかいう意味

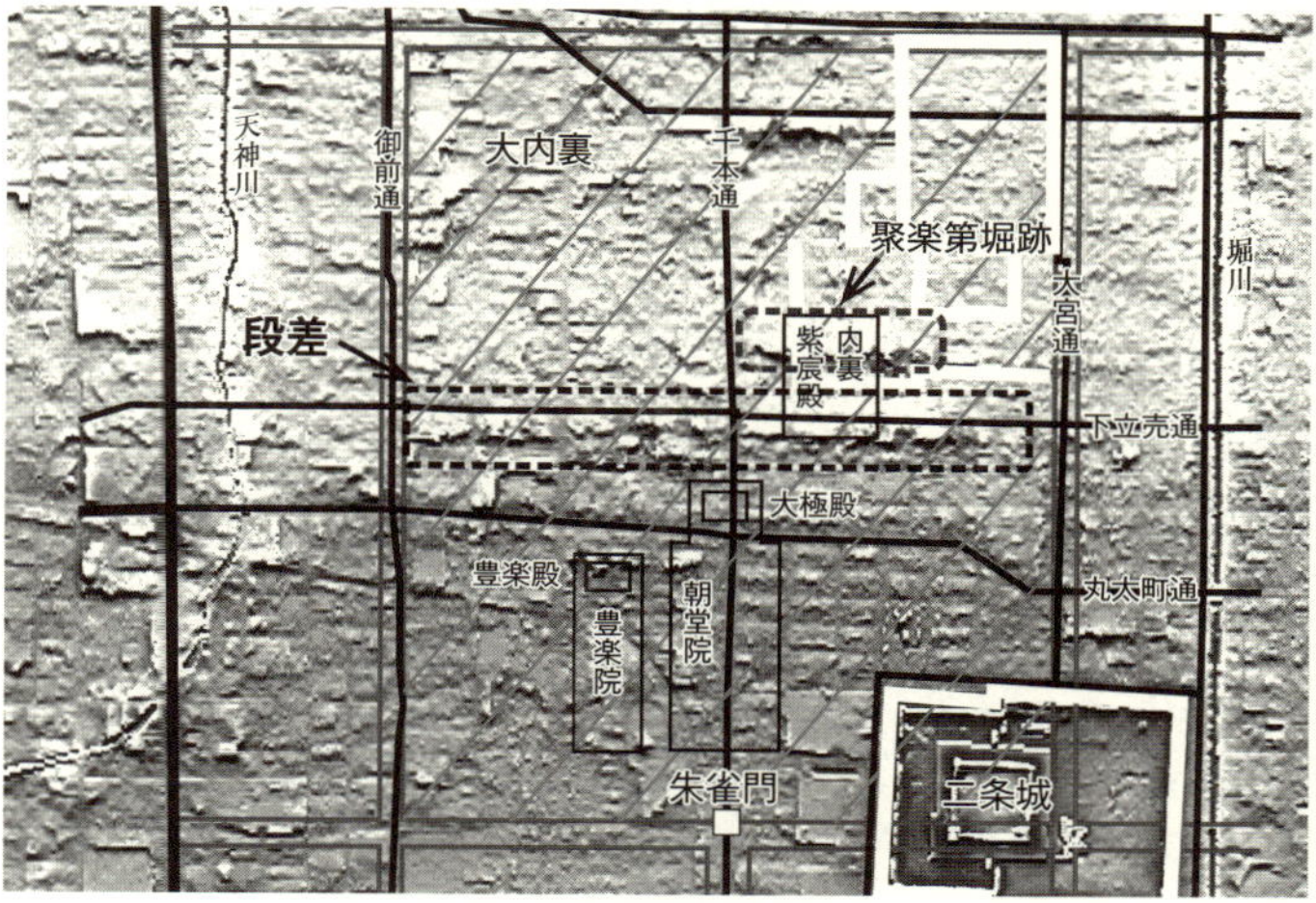

図９　大内裏跡３D 地図

だ。つまり大興城の敷地は河岸段丘のようなヒナ壇地形だったと思われる〔図10〕。

大興城は北が低く南が高い。平城京や平安京とは真反対の地勢だ。南から北へ下がっていくにつれ、ところどころ段差があったのだろう。六坡というより六段といったほうがよいかもしれない。『雍録《ようろく》』という地誌には、宇文愷がこの六段を易に見立てて大興城を設計したと書かれている（出典1）。

易についての前知識

易は八つのイメージから二つを選ぶカード占いのようなものだ。八つのイメージは「天地」「火水」「雷風」「山沢」の四セットで構成される。

占いの結果は一文字か二文字の漢字

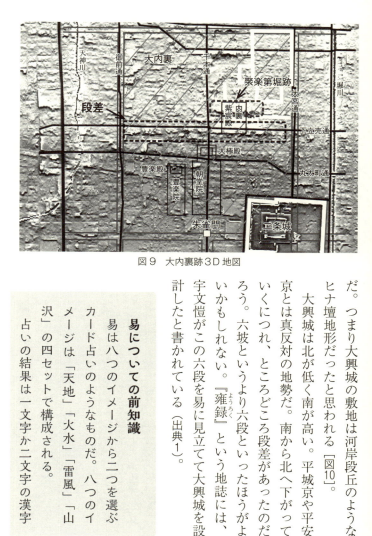

で示される。たとえば上が天で下が沢《たく》だと「履《り》」となる。易経によれば「履」は、虎のしっぽを踏んでも大丈夫だという完全な安全を約束するとてもよい易だ。

易はもともと占いであるが、祈りのための予祝《よしゅく》儀礼としても使われた。予祝とは願いを適えるための前祝いのことだ。よく使われるのがこの「天沢履《てんたくり》」で、これならあらゆる願いにオールマイティに応えてくれる。

予祝については後述するが、とりあえずここでは易が二つのイメージで構成されていること、そして一つ一つのイメージは三つの陰陽《おんよう》でできていることを押さえておきたい。三つの陰陽とは、たとえば「天」は「陽陽陽」で「沢」は「陽陽陰」に分解できる。この組み合わせについては巻末を参照されたい。

さて、大興城を設計した宇文愷は都を「天為乾《てんいけん》」の易で設計したという。これは「天天天」というのと同じで、上も下も選んだイメージが「天」なので易の結果も「天」だというものだ。天は易のイメージのなかでもっとも陽気が強いが、それが二つ並んだ「天為乾」は最強の陽気となる。彼は中国統一の偉業を「天為乾」の持つ最強の陽気で言祝《ことほ》ごうとしたのだろう。

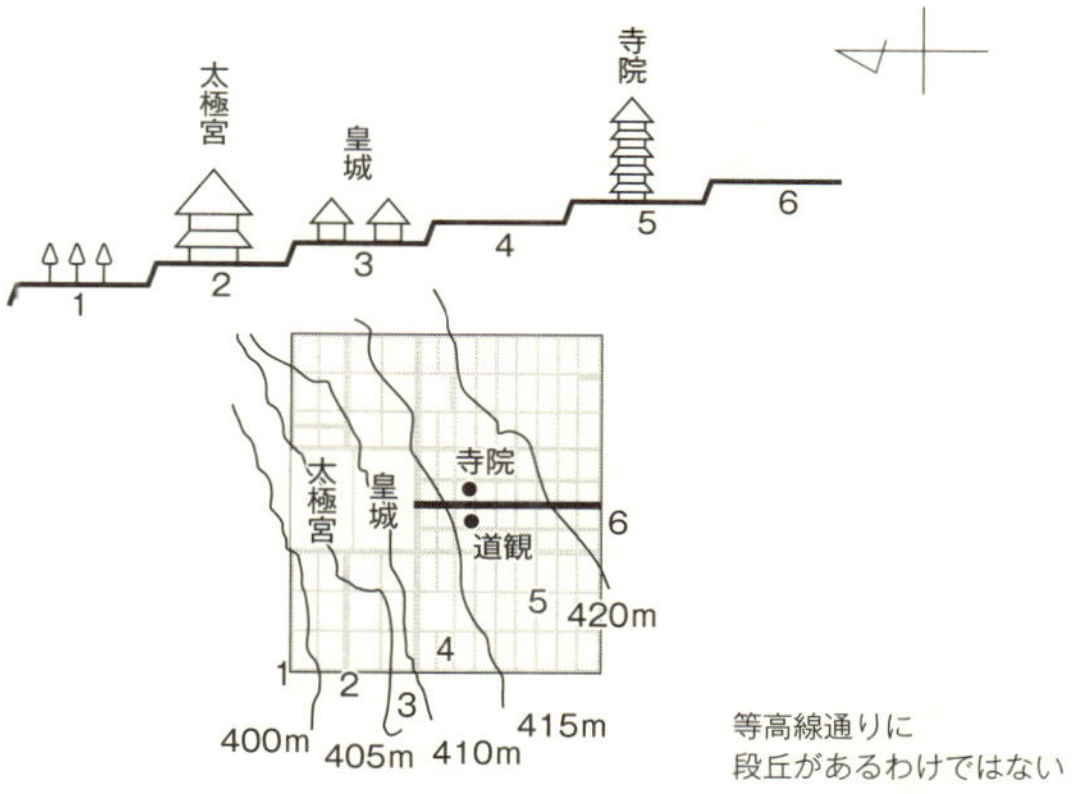

図10　大興城の六段

〈推論〉　易で造られた都

平安宮を造成するとき、奈良の都より土地の勾配が大きかったので大内裏を二段に分ける必要があった。どこで分けてもよいのだが、このとき参照したのが大興城だったと思われる。大興城は皇帝の居所であり執務場所である太極宮《たいきょくきゅう》と、行政センターである皇城の二段に分かれていた。平安京の設計者は大興城に倣《なら》って太極宮にあたる内裏と皇城にあたる朝堂院とのあいだに段差を設けたのだろう。すなわち、この段差は平安宮造成の痕跡であると推定できる。

04 なぜ平安京の南東角は欠けているのか

〈現状〉 水没する南東角

平安京の復元図を見ていて、どうして南東角が鴨川に浸《つ》かっているのか不思議に思ったことはないだろうか。せっかく都を造るのだから、しっかりと陸上に造りたいではないか。ひょっとしたら平安京を造ったときは陸だったが、そのあとの氾濫で水没したのだろうか。しかしいまのところ、水没説を裏付ける考古学的成果はない。どうやら都の南東角は最初から欠けていたようだ。これはいったいどういうことだろう［図11］。

手がかり その一 南東角に水辺のある二つの事例

実は奈良の平城京も南東角が水辺に接して欠けている。さらに都造りの手本とした隋の大興城も南東角が欠けていた。大興城の南東角には芙蓉園《ふようえん》という離宮があり、そこに曲江《きょくこう》という池があった。平城京は芙蓉園をまねて南東角に池を作ったとする説もある。

平安京の南東角が鴨川に接するのも、これらの事例をなぞった可能性はある。問題なのは都の整った形を乱してまで、なぜそこに水辺を造るのかということだ。

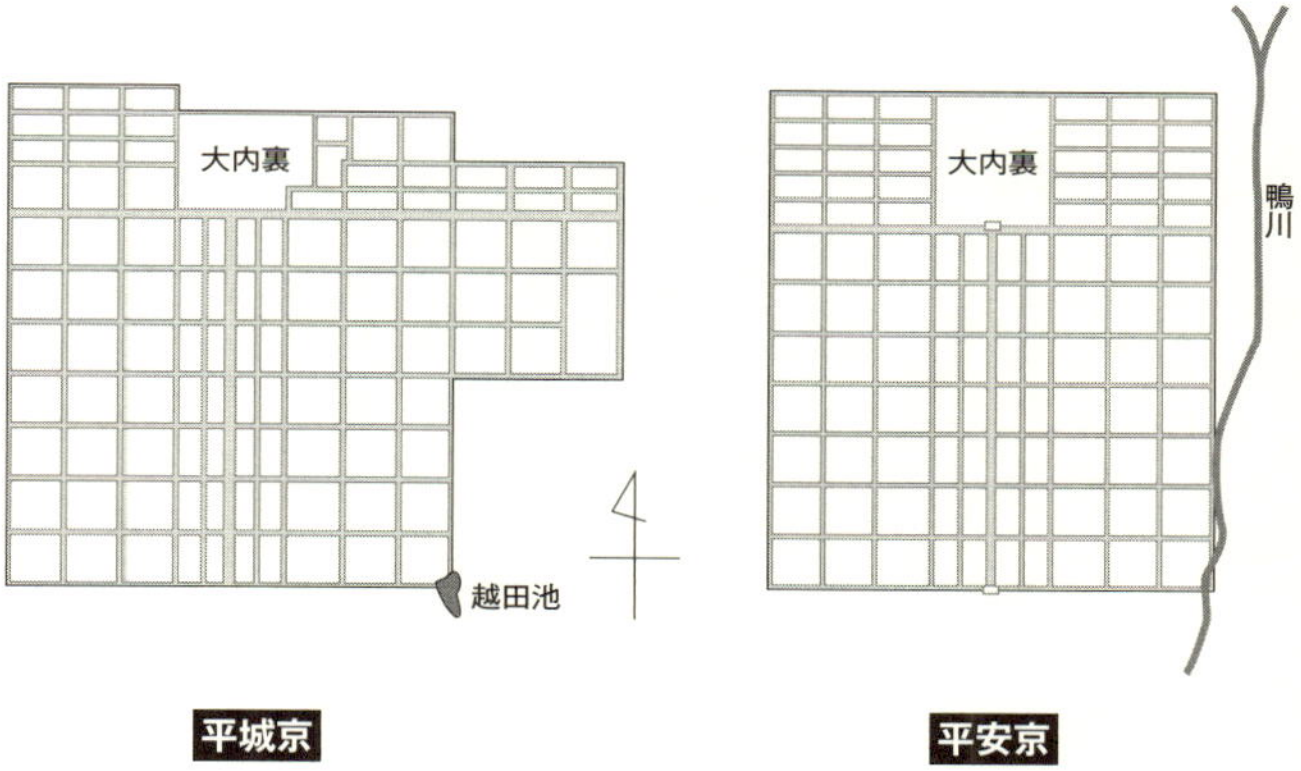

南東角が水に接する

図11　平安京と平城京の復元図

手がかり その二　後天図

易が八枚のイメージを使ったカード占いのようなものであることは先に述べた。「天地」「火水」「雷風」「山沢」の四セットから成る。これを八つの方角に配した二枚の図があり先天図、後天図と呼ぶ［図12］。
このなかで水辺のイメージは「沢」である。その方角は先天図なら南東、後天図なら西となる。

〈推論〉　庭園と予祝

先天図は南東に「沢」をあてた。「沢」とは水辺のイメージで大興城の曲江、奈良の越田池《こしだいけ》、平安京の鴨川はすべて易の「沢」と考えられる。平安京の南東角が欠けているのは曲江と同様、先天図の「沢」を示したからだと推定できる。ただしそこに庭園や離宮があったという話を聞かない。平安京には神泉苑《しんせんえん》というもう一つの「沢」があった。だから都の南東角は形ばかりまねて、実質的な庭園の役割は神泉苑に担わせたのかもしれない。

なぜ「沢」に庭園を造るのか。その目的は二つある。一つは「沢」の方角を示すことで、都が正しく配置されていることを強調すること。もう一つは沢を天子が訪れることで「天沢履」の予祝を完成させることだ。「天沢履」は完全な平和と安全を意味する易だから新都を言祝ぐのにふさわしい［図13］。

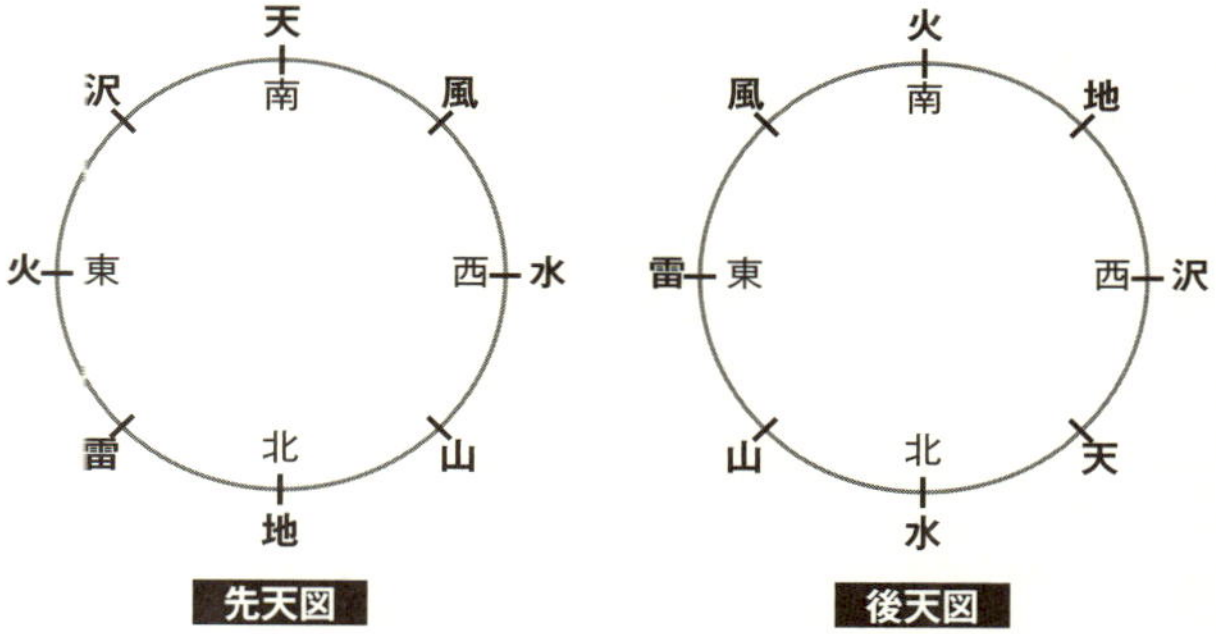

図12　先天図と後天図

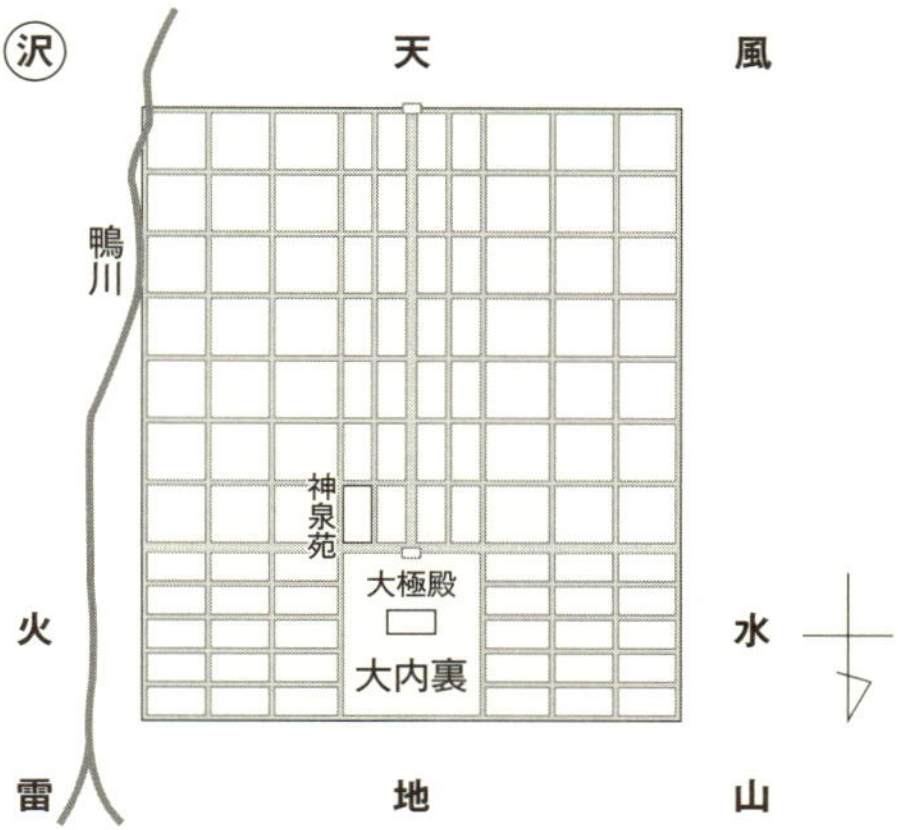

図13　平安京先天図

05

もう一つの庭園「花園」

〈現状〉特別扱いの「沢」

先天図の「沢」が庭園になっていることを先に見た。さらに後天図の「沢」の方角にも庭園がある。それは平安時代初期に臣籍降下した清原夏野《きよはらのなつの》が造った双ヶ丘《ならびがおか》の山荘だ。大極殿の真西にあたり後天図の「沢」と合致する。珍しい草花を植えたことからそのあたりにはいまも花園という地名が残る。花園という地名は大興城の離宮であった芙蓉園を彷彿とさせるが、ここもまた都にとって重要な庭園であったろう［図14］。

さて、易には八つのイメージがある。都を易で設計したとすれば「沢」だけではなく他の七つのイメージも配置したのだろうか。他のイメージもあったかもしれないが、私は「沢」だけは特別扱いだったと思っている。それはなぜか。

手がかり その一　天沢履の予祝

庭園を天子が訪問すれば「沢」と「天」を合わせて「天沢履」の易ができる。これは易のなかでも最上の部類に入る良い形だ。占いをしてこの答えが出れば、占った事柄は大成

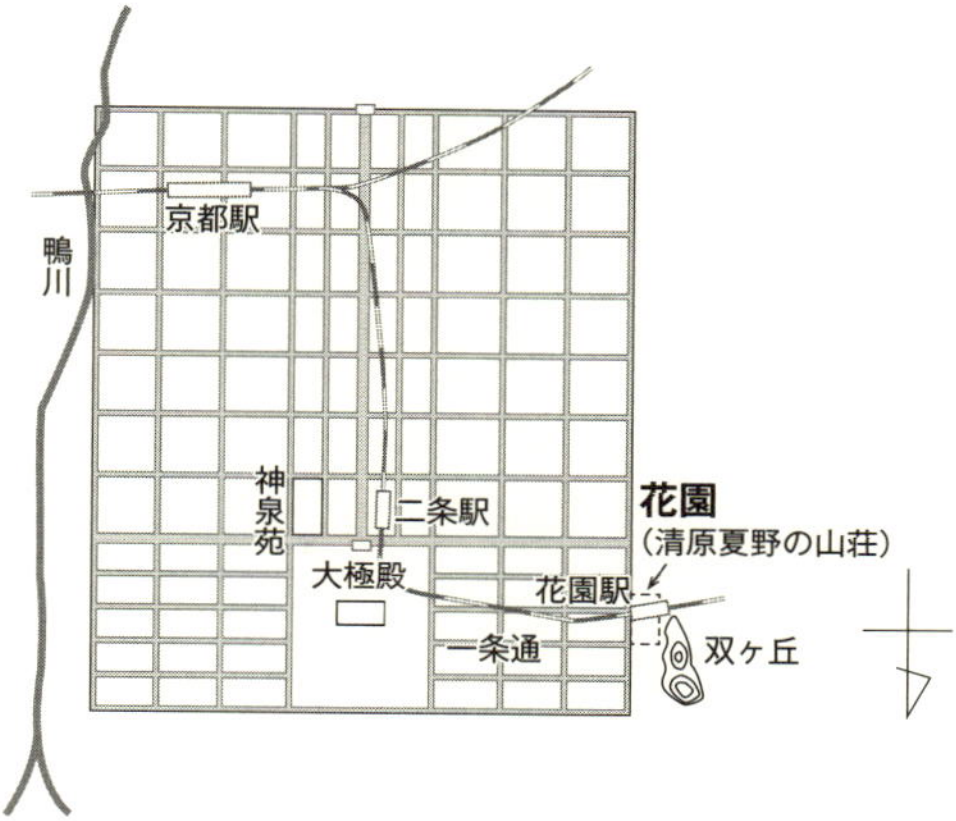

図14　花園の位置（立命館大学アート・リサーチセンター「平安京オーバレイマップ」上の、京都市平安京創生館「平安京跡イメージマップ」をもとに作成）

功間違いなしとなることが多い。

予祝についての前知識

易を予祝に使うことができる。予祝とは前祝いをすることで願いを成就させようとする行為だ。祈りはいつでもどこでもできるのだが、それを天子が行い臣民に見せるとなれば、それ相応の形式が求められる。そのため易を援用した予祝という形式が発達した。

たとえば、戦勝を祈念するなら戦勝間違いなしという結果の出る易を使う。戦勝を予言する「地水師《ちすいし》」などが使いやすい。この場合「地」と「水」の代用品を儀礼の呪具として使う。「地」は土気の黒いものなら何でもよい。「水」は水そのものでもよいし水気のものなら何でも使える。

「天沢履」を予祝に使うとすれば「天」と「沢」を示す何かを祈りの場へ揃える。

「天」は白くて丸いものがよいのでモチがよく使われる。「沢」は多くの場合巫女《みこ》で代用できる。都においては「沢」の位置を庭園として整備し、そこを天子が訪れることで「天沢履」の予祝を完成させた。

手がかり その二　易のイメージと数字

易の八枚のイメージは数字とも結び付けられている。それは二通りあって、一つは九星図に示される数字だ。

もう一つは各イメージを構成する三つの陰陽を足したものだ。陽気は三、陰気は二とする。従って「天」は陽陽陽なので三＋三＋三で九、「沢」は下から陽陽陰なので三＋三＋二で八となる。

民俗学者の吉野裕子は、聖徳太子の作った十七条憲法の「十七」はこの「九」と「八」の和であるとした。つまり「天沢履」の予祝を条文数に籠めることで、何事もうまくいきますようにと願いをかけたというのだ（出典2）。ちなみに平安京が九条×八坊の格子にな

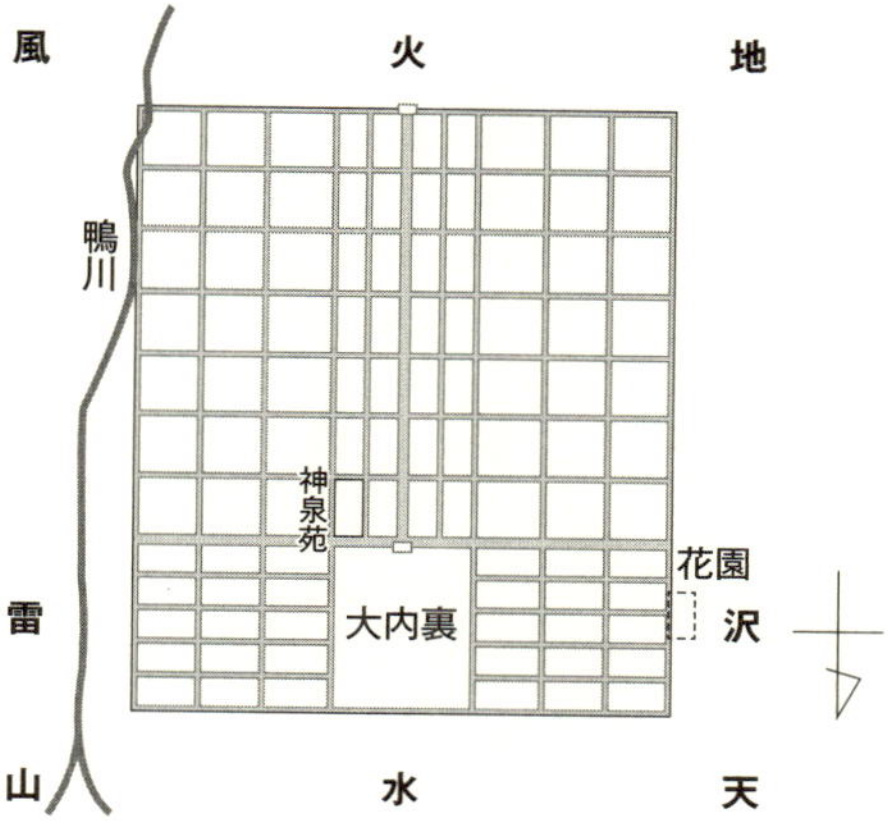

図15　平安京後天図

っているのも同じ予祝だと私は考えている［図15］。

〈推論〉繰り返される「天沢履」の予祝

「沢」を特別扱いするのは、それを使って「天沢履」の予祝を完成させるためだ。この易は聖徳太子が国家鎮護のために十七条の憲法に籠めた予祝だった。平安京の設計者は聖徳太子にあやかって同じ予祝を都に懸けたと推定できる。先天図、後天図の両方の沢の方角に庭園を設けたのは、それだけ「天沢履」の予祝を念入りに仕上げたかったからだろう。

06

なぜ東寺と西寺は都の南端にあるのか

〈現状〉 寺院配置の意味

羅城門の左右にそびえる東寺と西寺の大きな塔は、都の玄関口をさぞ立派に飾ったことだろう。だが都の見栄えをよくするためだけに二つの大寺をこの場所へ配置したわけではなかろう。ではいったいどういう理由でここにあるのか。

手がかり その一　大興城の場合

日本が都造りの手本とした大興城は、朱雀大街のちょうど真ん中に寺院と道観が並んでいた。地誌「雍録」によれば、この配置は宇文愷が易を使って決めたという。使った易は「乾為天《けんいてん》」だ。

「乾為天」についての前知識

易のイメージは三つの陰陽でできている。これは八つのイメージが三度の陰陽分裂によって生成されたからだ（詳しくは巻末参照）。「天」は陽気＋陽気＋陽気となる。「乾為天」の場合、上も下も使うイメージは天なので、陽気を六回積み上げることになる。易経は次のように解説する。

第一の陽気　潜る龍、使ってはならない。
第二の陽気　龍が地上に見える、大人に会える。
第三の陽気　君子は仕事に精を出し夕方になってもつつましくすれば、危ないことがあっても災難はない。
第四の陽気　あるいは躍り出ようとするがまだ淵にいる。災難はない。
第五の陽気　飛ぶ龍が天にある。大人に会える。
第六の陽気　亢《たか》ぶる龍。後悔が残る（出典2）。

このように「乾為天」は龍が地上に現れて天へ昇るまでの物語となっている。宇文愷はこの易を援用して大興城の六段を北から順に次のように振り分けた。

第一段　潜る龍　なし（北苑）　**第四段**　淵の龍　なし
○**第二段**　龍を見る　太極宮　○**第五段**　飛ぶ龍　寺院と道観
○**第三段**　君子　皇城　**第六段**　亢ぶる龍　なし

龍の現れた第二、三、五段に施設を配置したのが分かる。龍が大地や淵や空高くに昇って見えなくなったところへは施設を置いていない［図16］。

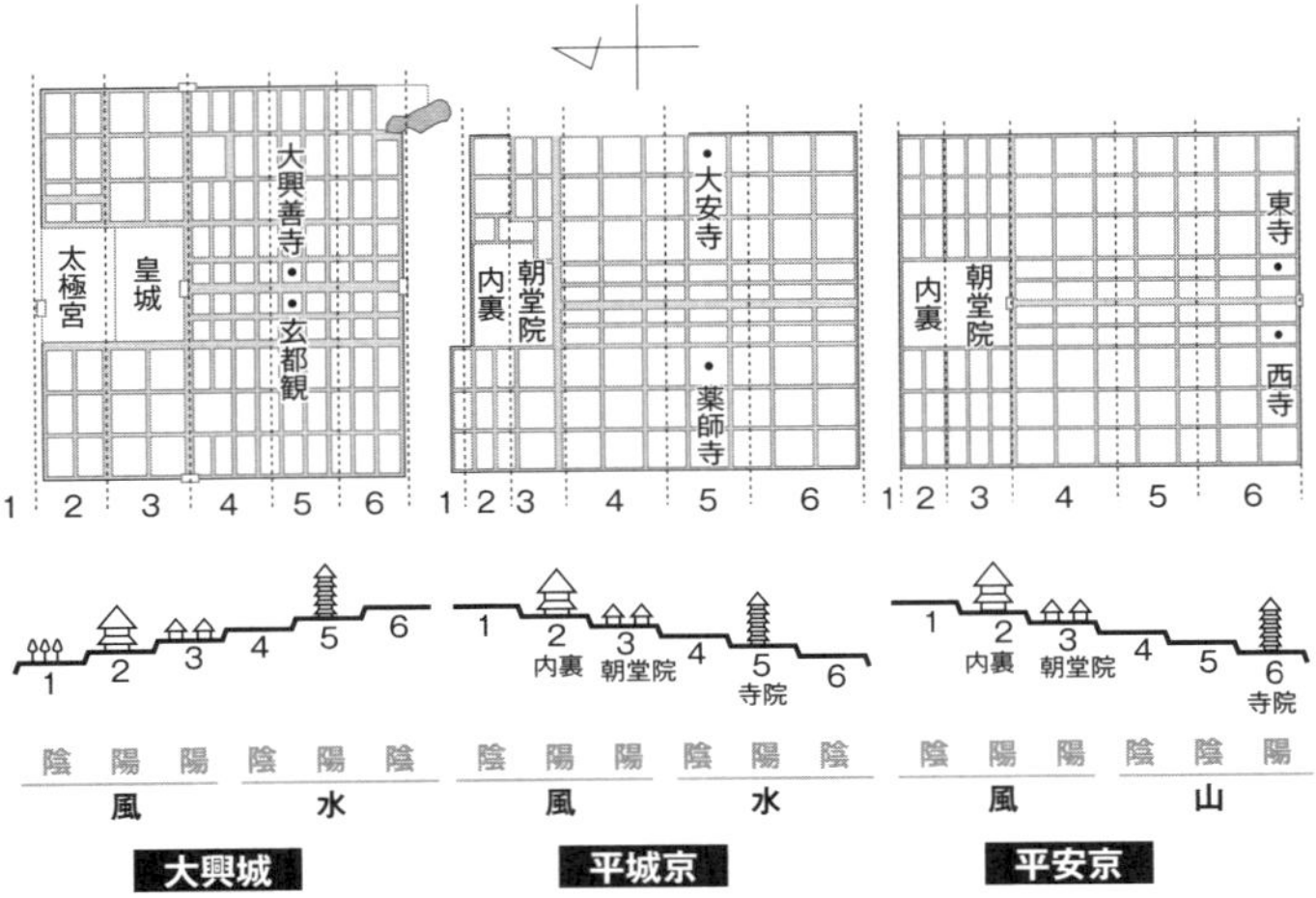

図 16　大興城と平城京と平安京の六段図

手がかり その二　奈良の場合

奈良の平城京は大興城をそのまま写している［図16］。遣唐使によってもたらされた知識には宇文愷の都城理論も含まれていたと考えるべきだろう。

ところが平安京はなぜか大興城とは異なる配置となった。大興城に倣ったのなら、東寺と西寺は朱雀大路のまんなかの五条通や六条通あたりに建つはずだ。それが都の南限である九条通に面して建てられた。これは、たまたまそうなったようには思えない。私は宇文愷が考えた易援用法はもう一つあったのではないかと考えている。つまり平安京はその伝わっていないもう一つの方法に依っているのだ。

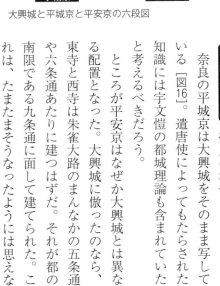

手がかり その三　易のもう一つの読みかた

易は六つの陰陽が揃えば作ることができる。「乾為天」は六つとも陽気なのだが、それを宇文愷は現れた龍と隠れた龍の二つに分けて考えていた。ならば、この「現れた龍」を陽気、「隠れた龍」を陰気と見立てれば別の易の形になるのではないか。そしてそうやって読み取った易が何らかの予祝になっていれば、宇文愷がそう考えていた可能性がある。

ではさっそく龍の出没で易を読んでみよう。

さて、図のように大興城の上のイメージは「陰、陽、陰」なので「水」、下は「陰、陽、陽」なので「風」となる。合わせると「水風井《すいふうせい》」だ。易経には次のように書かれている。

井　邑《むら》は改造しても、井戸は新しく掘り変えない。井戸は、失うこともないし得ることもない恒久のもの。往く人来る人、この井戸から水を汲む。井戸水が涸《か》れたり塞《ふさ》がったりしたとき、井戸を掘らず、釣瓶《つるべ》を壊したりするのは凶（出典3）。

これは、井戸を修理しながら大切に使えば往来の旅人ののどを潤すというほどの意味だ。この井戸が何を象徴するかは占った内容によって変わってくる。この場合は大興城のある龍首原が古くから伝わる類まれな龍穴であり、ここに都を開くことで長く国民に恩恵を与えるという意味の予祝だろう。龍穴とは大地から気の出入りする場所のことだ。

もちろんこの予祝はここがシルクロードの起点であることを念頭に置いている。東西交流の大回廊の端に位置するオアシス都市として大興城はイメージされているのだ。「井」こそが大興城の基本コンセプトだったのだろう。

宇文愷は、太極宮、皇城、寺院という国家的な施設の配置によって、都に「水風井」の予祝を組み込んでいる。もしそうだとすれば、そうした施設の配置を変えれば別の予祝に組み替えることもできるはずだ。

〈推論〉すべてをやり直すために

それでは平安京はどう読めるのか。上下二つのイメージのうち下は大興城や平城京と同じ「風」だ。上は陰陰陽なので「山」となる。従って平安京は「山風蠱《さんぷうこ》」と読める。

蠱　万事順調にゆく。大河を渡るのによい。吉日は、甲《きのえ》より三日前の辛《かのと》と、甲より三日後の丁《ひのと》の日（出典2）。

蠱は皿の上にたくさんの虫がいるという象形文字で、腐ったものを虫がきれいに掃除してくれるという意味だ。これは数ある易のなかでもとても良い易で、すべてのものを新しくやり直すという意味になる。

平安京へ移るまでの桓武《かんむ》朝はさんざんだった。長引く東北戦争は負け続け、実の弟は政府要人暗殺の嫌疑をかけられたまま憤死する。皇后は病死し皇太子に立てた息子は病気に

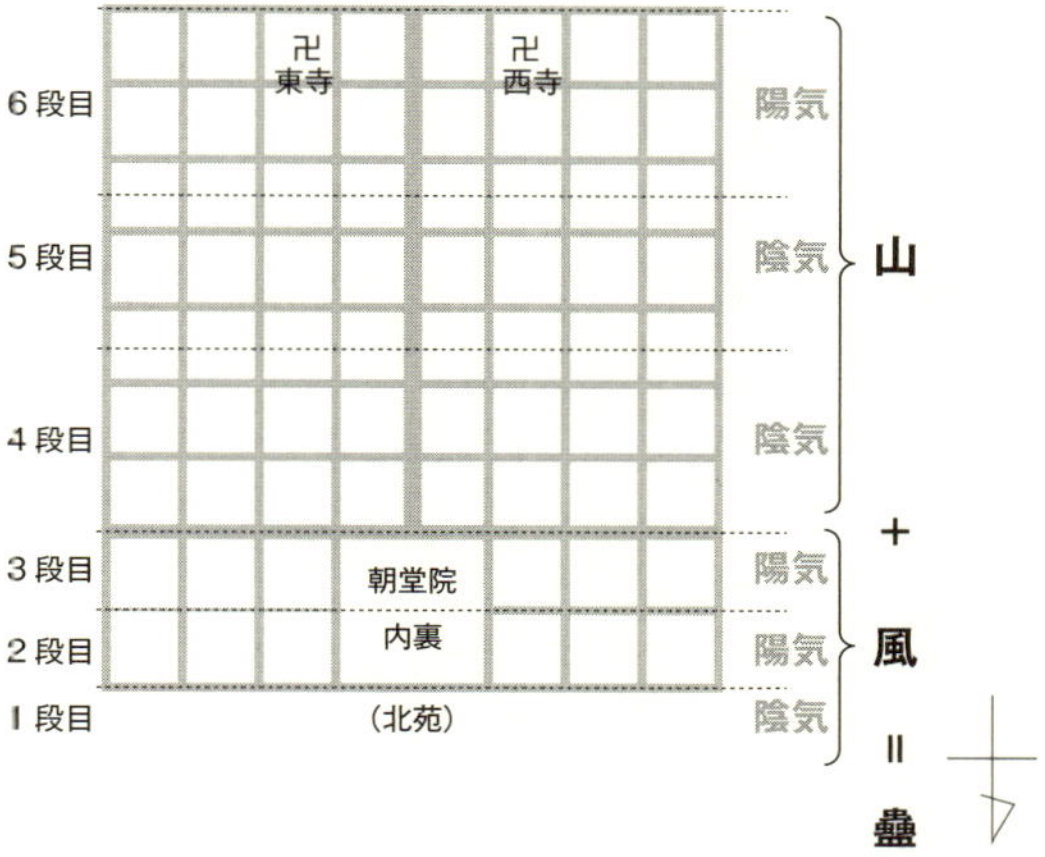

図17　平安京と蠱

なった。長岡京をたった十年で捨てた理由は、こうした厄災から逃れるためだったともいわれている。すべてを新しくやり直すための都として平安京は造られたのだ。だからこそ平安京は「山風蠱」の易を予祝として使ったと推定できる［図17］。

07

神泉苑の謎その一　何のための庭園か

〈現状〉　神泉苑とは何か

神泉苑はいったいどんな風に使われたのだろう。よく知られているのは雨乞いで、空海はここで祈祷して雨を降らせたことがある。神泉苑は平安時代を通して雨乞いの霊地として知られていた。

では神泉苑は降雨祈念のための聖地として整備されたのだろうか。実はそれだけではないようだ［写真2］。

手がかり その一　神泉とは何か

まず庭園の名前から押さえておこう。神泉苑とはどのような意味か。

神泉苑の泉は古くからある湧水地である。そこは古代からの聖地の一つで、かつては秦《はた》氏の根拠地があったとされるところだ。つまり庭園の名である神の泉とは、そこが水神のおられる水の聖地であることを意味しているのだろう。

写真2　神泉苑

手がかり その二　祇園祭の発祥地

ここは祇園祭発祥の場所としても知られている。疫病が流行《はや》ったときに朝廷は六十六本の鉾《ほこ》を用意させて、それを神泉苑までパレードさせた。これが祇園祭の始まりで、防疫が目的だった。

「六十六」は日本が六十六州であることを示すというのが公式見解だが、この場合の六は九星図にある「六白金星の天」の六でよいだろう。これは「天」は金気であり六と白によって象徴されるという意味だ。つまりここでは「六」という数字で天神を象徴しようとしている。この天神とは祇園祭で祀られる疫神・牛頭天王《ごずてんのう》のことである［図18］。

疫神は病を流行らせることも抑えることもできた。風邪という言葉があるように病は易の「風」の作用だと考えられた。そして「風」は五行でいえば木気なのだ。だから木気を制する金気のものが防疫のための呪具となる。だから金気の「天」に通じる天神・天王や金属製の鉾などが病祓いの呪具となる［図19］。

手がかり その三　天沢履の意味

一方、神泉苑は易の「沢」の位置にあった。そこへ「天」を持ち込むことで「天沢履」の易が完成する。「沢」には悦びという意味もある。つまり疫神を招いて悦ばせ、そのあとで静かにお引き取り願うという作戦なのだ。「履」は防疫の予祝にも使える易なのである。

「履」は履物の履で「ふむ」と読む。易経はその意味を次のように解説する。

履　虎の尾を履《ふ》んだが、噛みついてこない。順調にことが運ぶ（出典3）。

この場合の虎とは人を死に至らしめる疫病のことになる。つまり「天沢履」は虎の姿をした疫神の尾を踏んだとしても噛みつかれないという防疫のための最強の予祝である。

手がかり その四　なぜ疫病は流行るのか

奈良時代、疫病が蔓延するのは戦死者の霊の仕業だと考えられていた。大分県の宇佐八

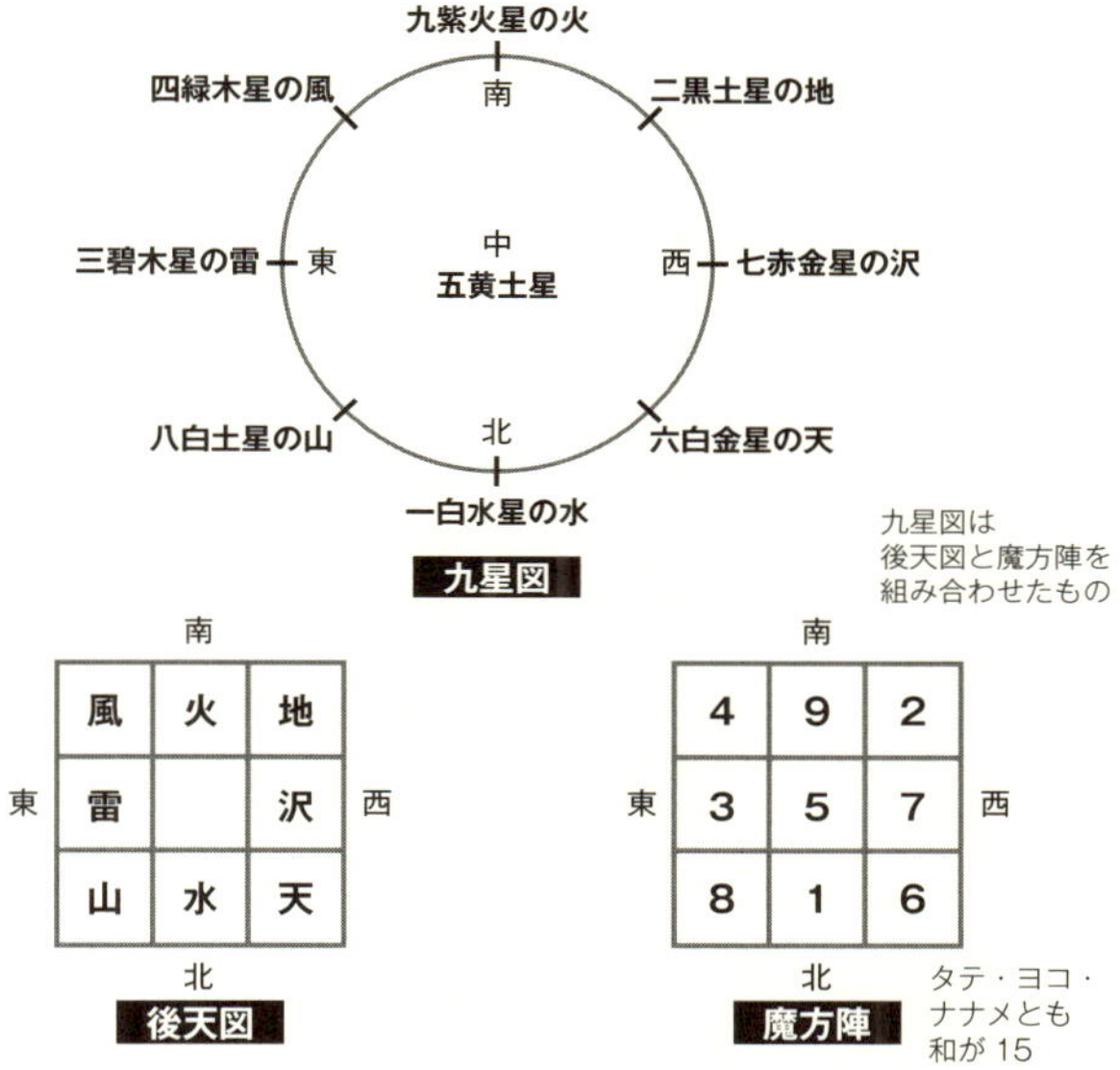

図 18　九星図

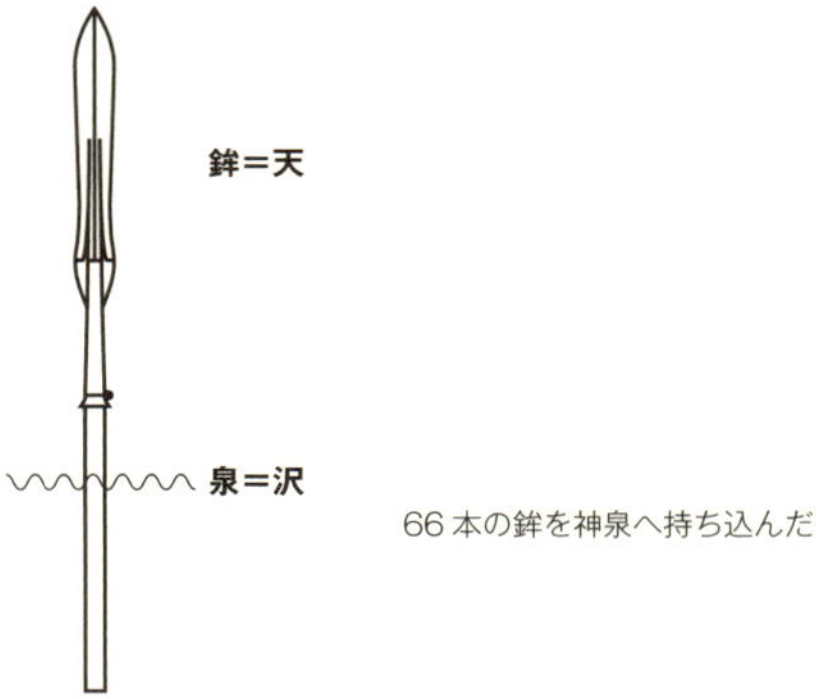

図 19　祇園祭の発祥

幡宮についての研究によれば（出典4）、八幡神は隼人《はやと》征伐のために軍神として祀られたが、同時に放生会《ほうじょうえ》という仏事により疫病の流行を予防しようとしたという。放生会は生き物を解放する仏事だが、宇佐では貝を海へ放つ「蜷放ち《にな》」を行うそうだ。これは初期の神仏習合の形式をよく教えてくれる。つまり戦勝は神さまに祈り、防疫は仏様にお願いするわけだ。戦《いくさ》の神と救いの仏とのセットである。

〈推論〉天沢履の庭園と戦争代償としての防疫

神泉苑は祇園祭発祥のおりの祭祀に見るように「天沢履」の予祝によって疫病流行を防ぐために使われたと推定できる。

時あたかも東北における戦争の真っ只中であり、防疫の予祝は喫緊の課題だった。神泉苑は防疫のための祭祀場としても使われたのである。

08

神泉苑の謎その二　なぜその場所にあるのか

〈現状〉　神泉苑と芙蓉園の違い

神泉苑は大内裏の南東角にある。その配置は芙蓉園と似ている。南東は先天図の「沢」にあたる。つまり芙蓉園は大興城の「沢」に置かれ、神泉苑は大内裏の「沢」に造られたというわけだ。どちらも「沢」を念頭に置いて配されている［図20］。

まぎらわしいのは、芙蓉園が都の「沢」に置かれたのに対し神泉苑は大内裏の「沢」に配されたことだ。なぜ大興城と同じように平安京の「沢」に配置しなかったのか。まずそこから考えてみたい［図21・22］。

手がかり　皇帝の移動による易の読み替え

大興城が「水風井」の予祝となっていることを先に述べた。同じ予祝は奈良の平城京でも再現されていた。それは大極殿、朝堂院、官寺の三つの施設の配置で実現されていた。

ただし正確にいえば、宇文愷は施設を配置したのではなく人物を配置したとある。

「第二の陽気は宮殿を置くことで帝王の居所とし、第三の陽気は百の司（役所）を立てる

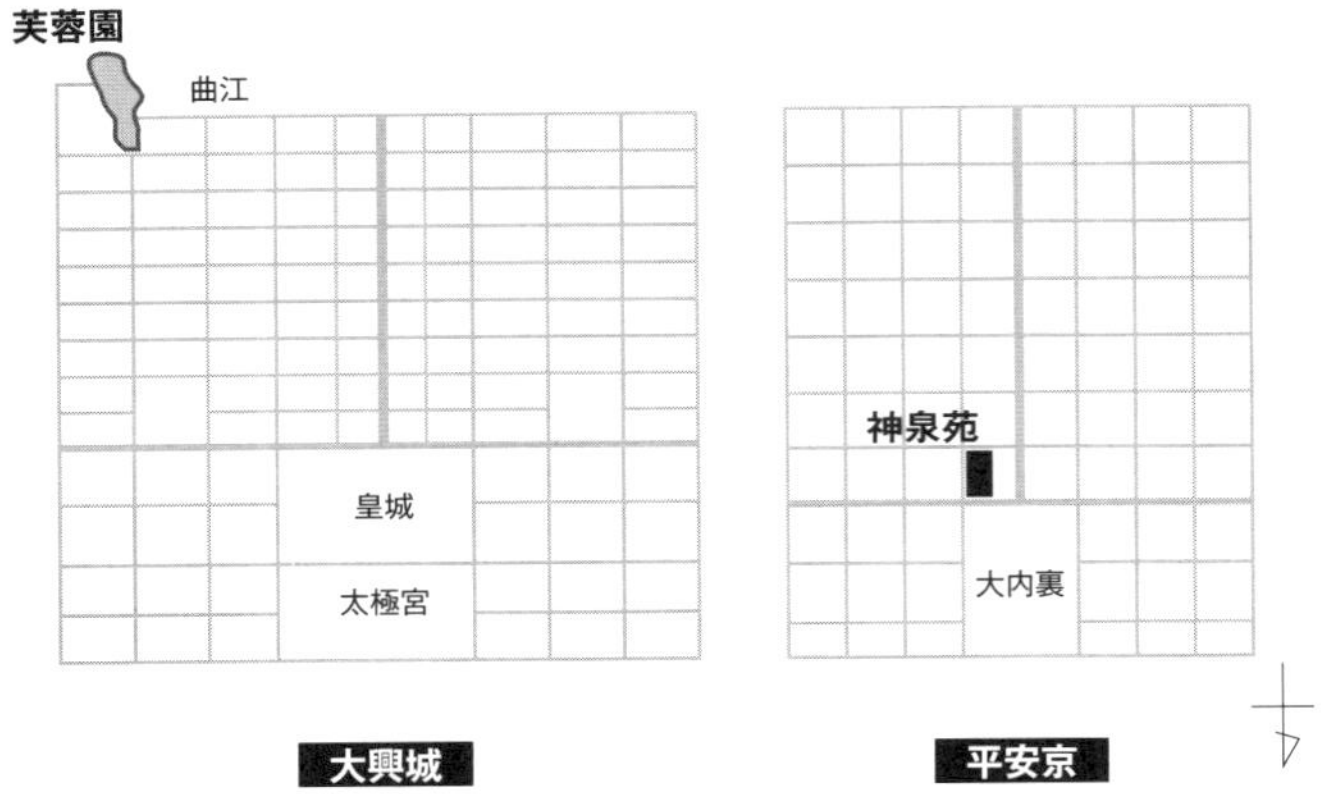

図20　神泉苑と芙蓉園の位置

ことで君子の数に応じ、第五の陽気は常人（一般人）が居るのはふさわしくないので玄都観と興善寺を置いた」（雍録）（出典1）

「乾為天」は六つの気のすべてが陽気なのでどこへ行ってもよいわけだが、わざわざこの三つに限定したのは、やはり「水風井」の易を使いたかったからのように見える。

逆にいえば、どこへ行ってもよいのだから、皇帝が都のなかを移動すれば「水風井」が崩れてほかの易に変るだろう。宇文愷は大興城に芙蓉園と北苑という二つの庭園を用意したが、それは皇帝がそこを訪れることで別の易の予祝を作ることを目論んでいたのではないだろうか。おもしろいことに、皇帝が移動しても予祝は成立する。

皇帝の移転先を陽気とし、皇帝のいなくなっ

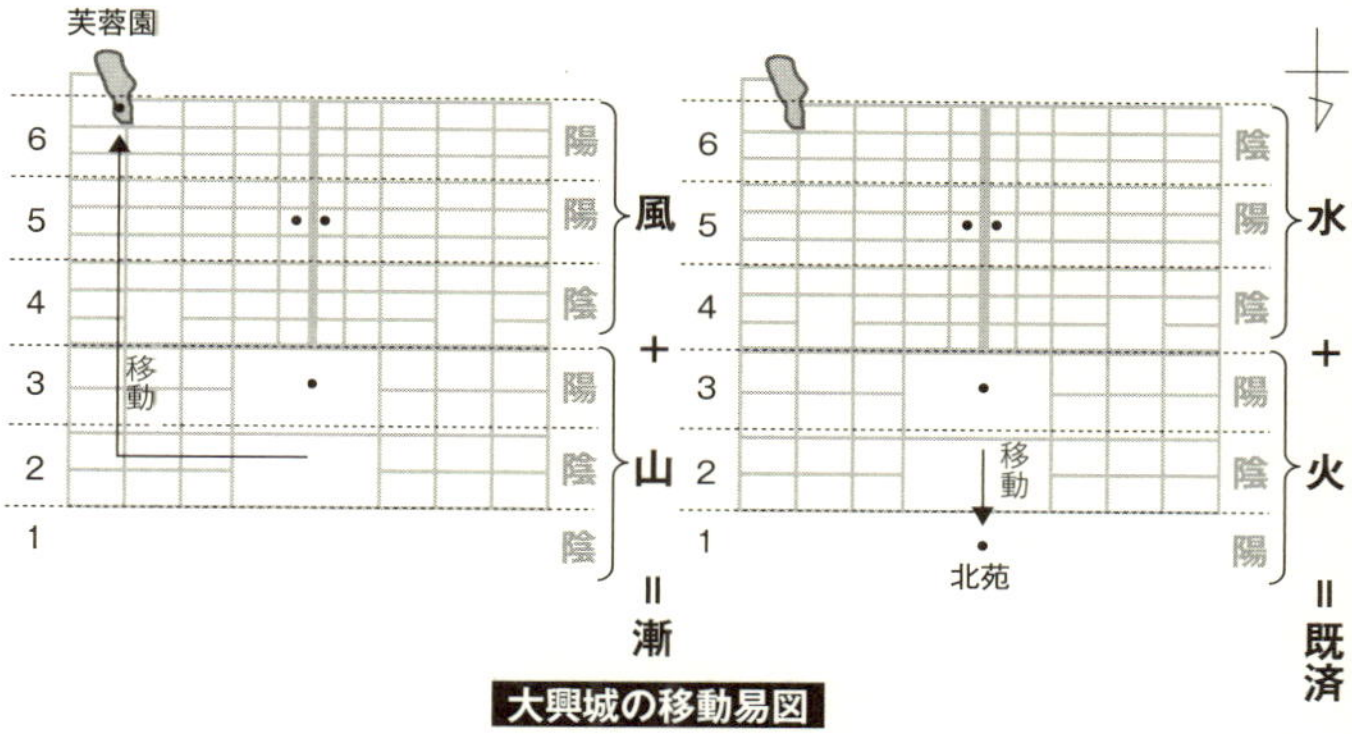

図21　大興城の移動易図

た太極宮は陰気と読み変えてみよう。皇帝が北苑に遊べば、下のイメージが「火」となり「水火既《き》済《せい》」となる。

既済　順調にことが運ぶ。占問したことには少し利がある。初めは吉、終わりには乱調（出典3）。

「既済」とはすでに済むという意味で、事業の完成を予祝することができる。この場合の事業とはやはり戦争であろう。

また「夾城《きょうじょう》」と呼ばれた東側城壁上の通路を馬車に乗って芙蓉園へ至ると「風山漸《ぜん》」の易が完成する。

漸　女が嫁ぐのに吉。占問したことには利がある（出典3）。

「漸む」は「すすむ」と読む。易経によれば「漸」は婚礼が滞りなく進むという意味となる。皇家の

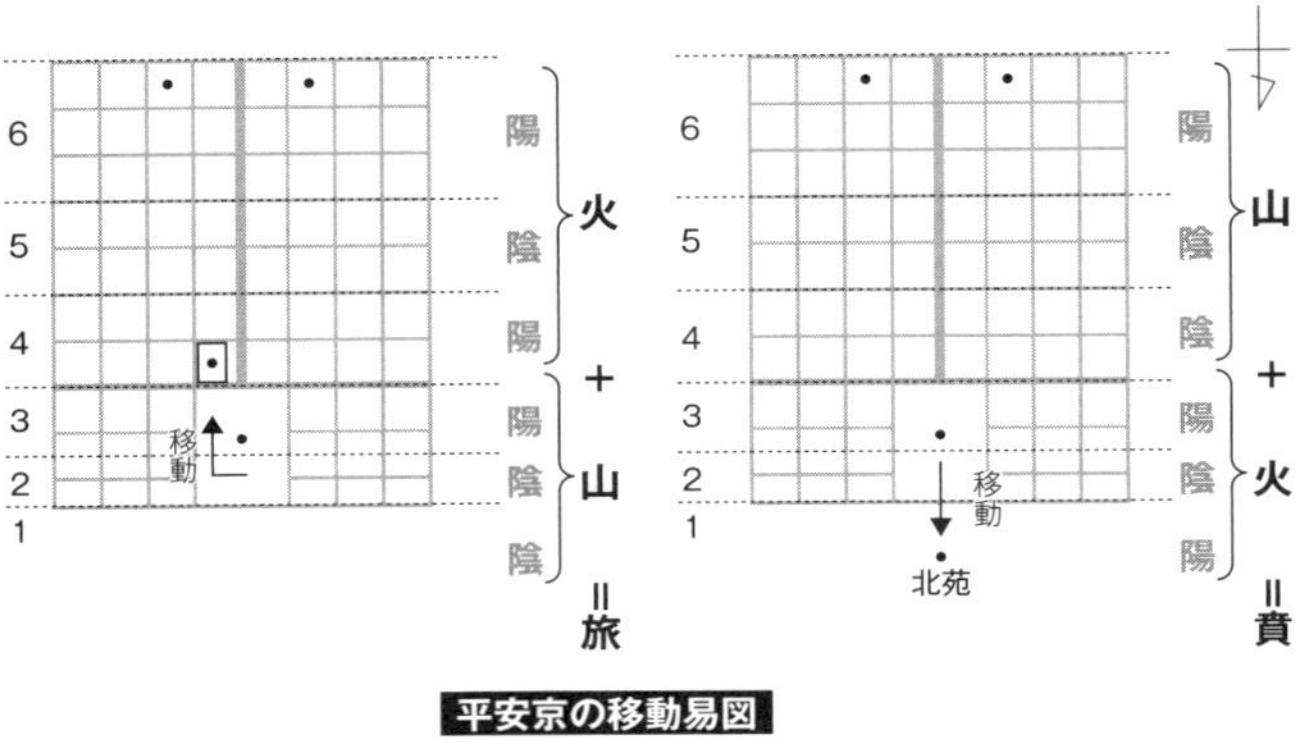

図22　平安京の移動易図

安定した継続を予祝したように見える。

〈推論〉戦勝祈念の予祝装置としての神泉苑

では、平安京も天皇が移動すれば予祝が成立するのだろうか。これがまた不思議と当てはまる。天皇が北苑に遊べば「山火賁《ひ》」となる。

賁　順調にゆく。出かけて行くのに小利がある（出典3）。

「賁る」は「かざる」と読む。この易は、さまざまに飾ることで婚礼が正しく進むという意味だという。だから「漸」と同様、結婚の予祝に使われたのだろう。

また、天皇が神泉苑に移れば「火山旅《りょ》」となる。

旅　少しだけ順調にことが運ぶ。旅の占問には吉（出典3）。

「旅」は旅がうまくいくという意味だが、この旅は旅団を指すともいわれる。つまりこの易は戦勝祈念の予祝に使われたわけだ。

この場合の戦争とは長引く東北での戦争のことだろう。桓武朝としては何としても戦勝し平安をもたらしたい。そのための予祝に「火山旅」を使うとすれば、庭園の位置は都の南限ではなく、大内裏のすぐ南側でなければならなかった。これが神泉苑が都の南東角ではなく大内裏の南東角に設けられた理由であると推定できる。

09

二つの王宮の謎

〈現状〉　並び建つ王宮

大極殿を含む朝堂院の隣に形も大きさもよく似た豊楽院《ぶらくいん》がある。そこは祭祀と饗宴に使われた。もし空から眺めれば王宮が二つあるように見えたことだろう。なぜ王宮が二つあるのか。平安京はその中心部がもっとも謎めいているのだ。

朱雀大路の延長上にある朝堂院がメインで、その隣の豊楽院はサブ的な扱いを受けている。しかし本当に豊楽院がサブなのか。

手がかり その一　平城京の場合

奈良の平城京の場合も豊楽院はちゃんと朝堂院の西隣りにある。しかし一つだけ平安京と違うところがあった。それも決定的な違いだ。平城京の豊楽院は朱雀大路の延長上にあった。このことから、それは豊楽院ではなく朝堂院だろうという学者も多い。つまり朝堂院が二つ並び、それぞれに大極殿《だいごくでん》があるのだという［図23］。

名前だけのことであれば当然中心軸上にあるほうが大極殿だ。大極とは太極、つまり世

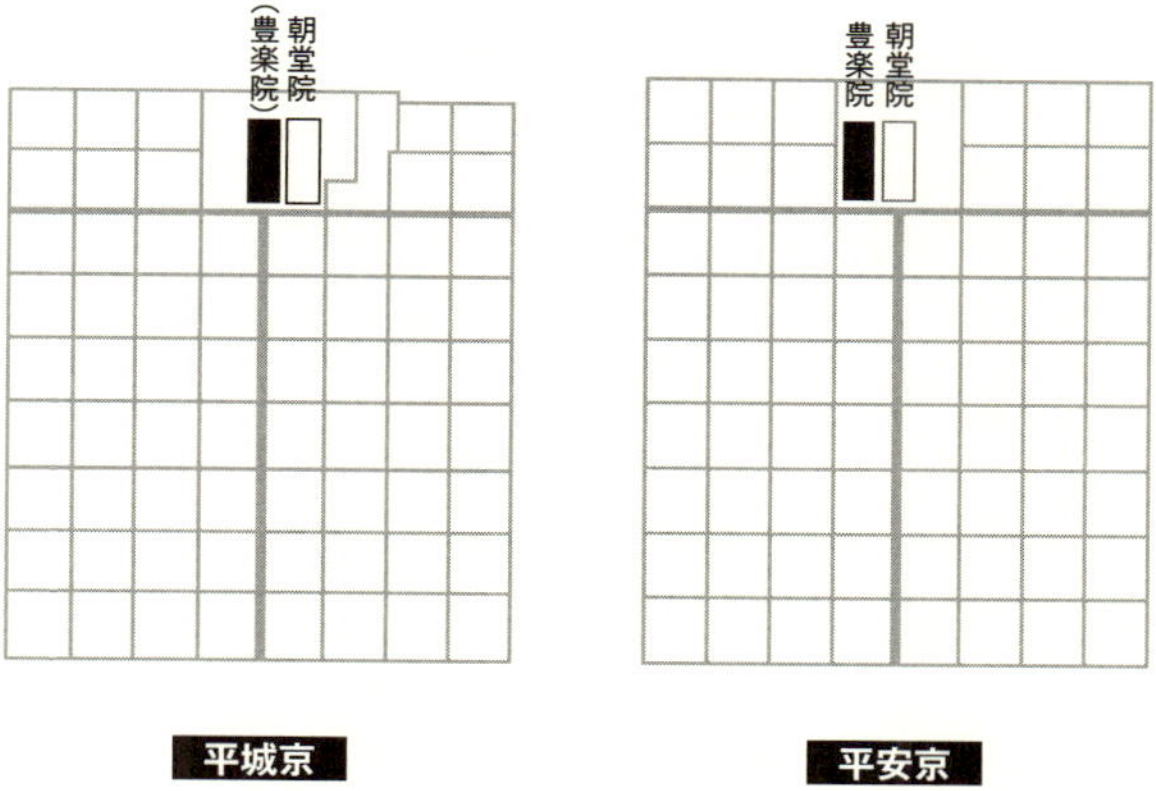

図23　朝堂院と豊楽院の位置

界の中心という意味がある。そうではなくて、ここで問題にしているのは、なぜ二つも王宮が必要なのかということだ。

　平城京でも西側の王宮には四つの長堂がある。形のうえでは平安京の豊楽院そっくりだ。だから平城京でも東の王宮は政治を西の王宮は祭祀を担当したと私は考えている。

手がかり　その二　鄴《ぎょう》との類似

　隋の大興城ではこんなことはない。皇帝は地上に一人だから中心軸が二本あるというのは理論上あり得ない。では、ほかにそんな事例がなかったのかといえばそうではない。曹《そう》操孟徳《そうもうとく》の造った鄴《ぎょう》という都には二つの大極殿があった［図24］。

　二〇四年に鄴を攻略した曹操はそこを本拠

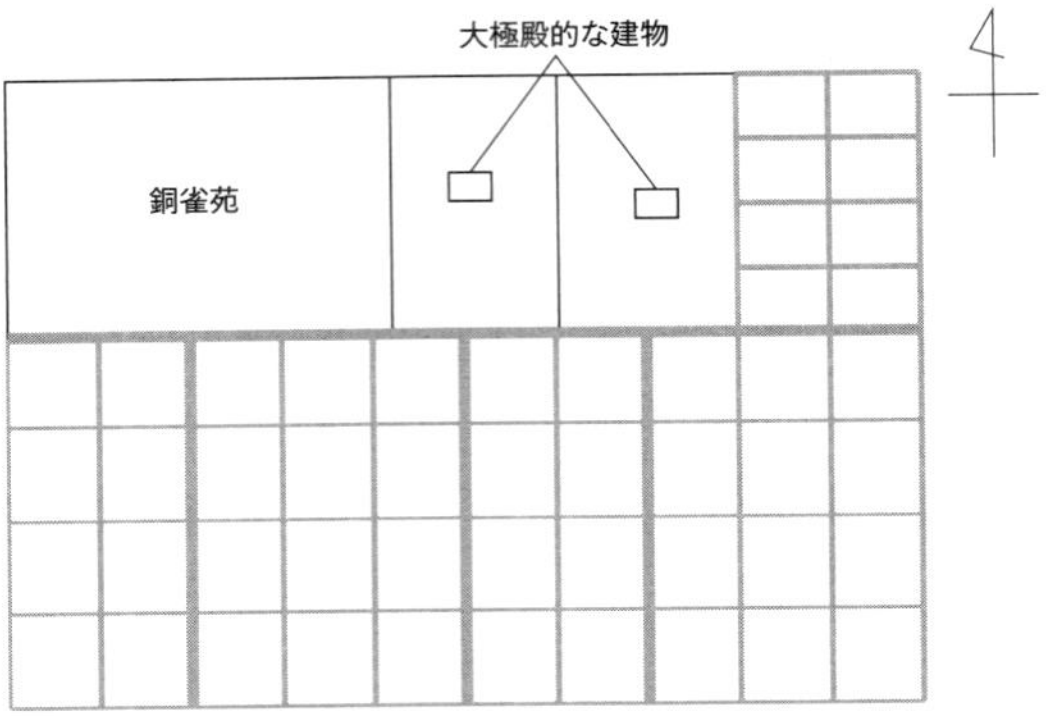

図24　鄴の推定図

地とするために都を改造した。それまでの都は不定形であることが多く、大内裏の位置もまちまちだった。それと比べて曹操の鄴は画期的で、全体を格子状に計画し、南北の中心軸上に大極殿にあたる殿舎を置いた。おもしろいのは、大極殿に相当する施設が東側にもう一つあったことだ。鄴では王宮が二つあるのだ。

これには理由がある。当時はまだ魏《ぎ》の建国前で、曹操は後漢最後の皇帝である献帝を擁していた。だから中心軸上の大極殿は献帝のもの、その東隣りが曹操のものだとされている。権力の二重構造が都城の設計に現れたというわけだ。

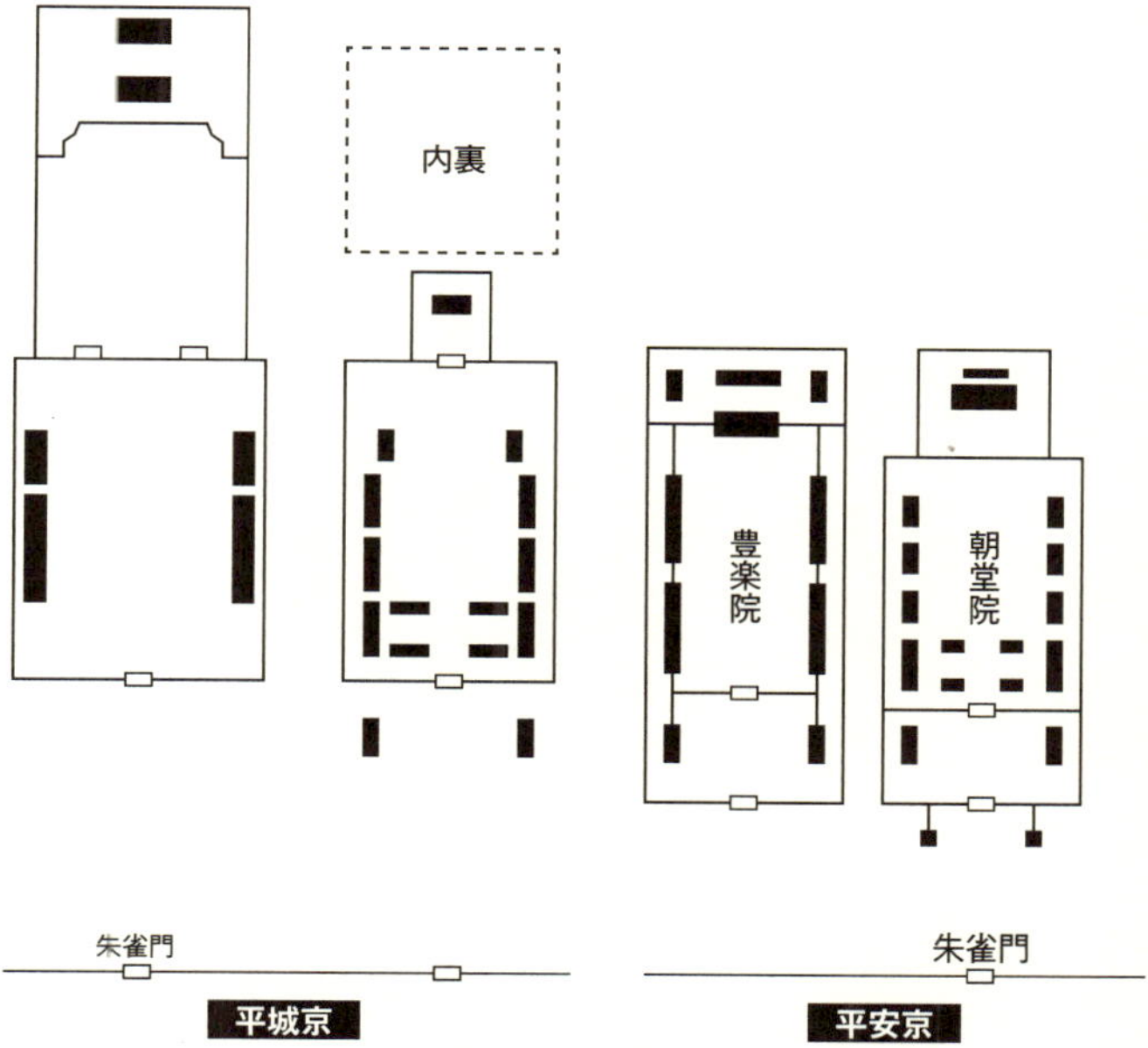

図25　朝堂院と豊楽院

〈推論〉女帝の時代

則天《そくてん》武后《ぶこう》が唐の実権を握ったのが六九〇年で崩御したのが七〇五年、持統《じとう》帝が即位したのが六九〇年で崩御したのが七〇三年だった。二人の女帝はほぼ同時代人である。

則天武后の登場で皇帝は男性に限るという文明国の常識が崩れていく。辺境国の特異な政治形態であった女王制が国際的に容認される機運が芽生えた。このことが平城京の設計に与えた影響は大きかったと思われる。

持統帝のあと文武《もんむ》帝が七〇七年には崩御し再び女帝が立つ。平城京を造ったのは文武帝の母である元明《げんめい》帝だった。

私は平城京を設計するにあたってモデルとした政体は、推古《すいこ》帝と聖徳太子だったろうと考えている。女王はもっぱら祭祀を担当し、政治は摂政である皇太子が担う。これをそのまま形にしたのが平城京の二つの王宮だった。

陰陽でいえば西は陰気、東は陽気だ。陰気の領域である西の王宮は祭祀用、陽気の領域である東の王宮は政治用と分けられた。遷都の段階で女王だったので、祭祀用の王宮を正面に据えた。平安京では最初から男王だったので、政治用の王宮を正面に据えたのだろう。王宮が二つあるのは都の主が実は二人いるという古代的な統治形態を残したためと推定できる［図25］。

第2章

聖地の風水地理学

01 蚕の社　水の正三角形

〈現状〉三柱鳥居の謎

蚕《かいこ》ノ社《やしろ》は木嶋《このしま》神社とも呼ばれ、正式名称は木嶋坐天照御魂《このしまにますあまてるみたま》神社だ。推古朝の創建と伝わり秦氏の祭祀場だったとされる。御祭神はアメノミナカヌシノ神、オオクニタマノ神、ホホデミノ命《ミコト》、ウガヤフキアエズノ命、ニニギノ命の五柱だ。境内に蚕養《こがい》神社があり、これが蚕の社という名前の元になったようだ。

元糺《ただす》の森にミタラシ池という泉がある。残念ながらいまは涸れているが、私が学生のころは清らかな水が湧き真夏でも涼しく感じたものだ。

さて、その泉のなかに有名な三柱鳥居が立っている。これはいったい何か［写真3］。

手がかり その一　水の三合

あまり難しく考える必要はないと思う。これは水の三合だ［図26］。水の三合は一年でいえば七月、十一月、三月となる。これを十二支でいえば申《さる》、子《ね》、辰《たつ》の月だ。十二支は方角も示すことができる。たとえば子《ね》の月といえば十一月で、子《ね》の方角といえば北だ。そこで

写真３　三柱鳥居

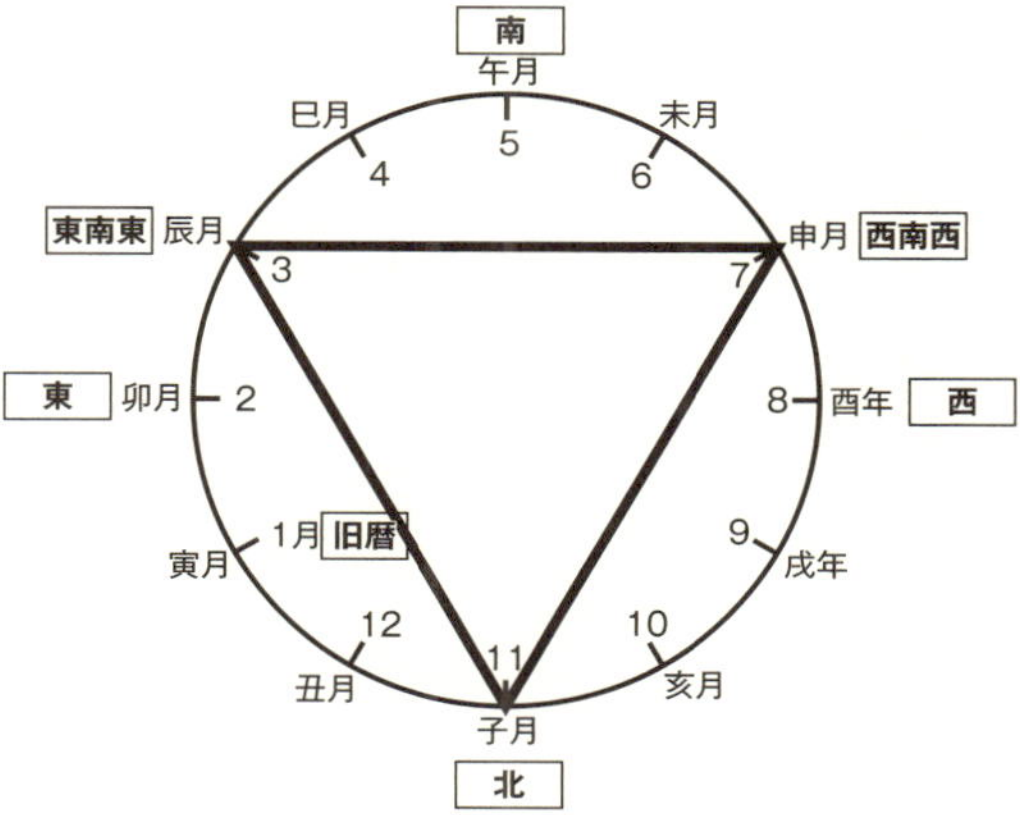

図26　水の三合

水の三合の申、子、辰を方角に置き換えれば西北西、北、東北東となる。蚕の社の三柱鳥居の柱の位置と同じだ。つまりここは水の三合で刻印された水の聖地であり、祀られているのは水神だろう。では御祭神は水神かといえばそうではない［図27］。

手がかり その二　錯綜する神々

アメノミナカヌシは世界で最初に現れた神々のなかの一柱とされる。オオクニタマノ神の国魂とは国土（郷土）の魂のことで、国土も人と同じように生きているという古代の世界観の表れだ。ニニギは天孫降臨の神だ。ホホデミはその子、ウガヤフキアエズはその孫だ。この三代の神は国土経営や五穀豊穰の神として祀られるので一グループと考えてよかろう。このなかに水神は見当たらない。

手がかり その三　ミタラシ祭と水の三合

毎夏の土用の丑《うし》の日に蚕の社ではミタラシ（御手洗）祭が行われる。ミタラシ池に足を浸けて無病息災を祈る行事だ。同様の行事は下鴨神社にもある。

下鴨神社にも糺の森がある。この糺は下鴨神社の御祭神「タダスタマヨリ姫（多々須玉依姫）」の名にちなむという（出典5）。しかしタマヨリ姫も水神ではない。とりあえず手が

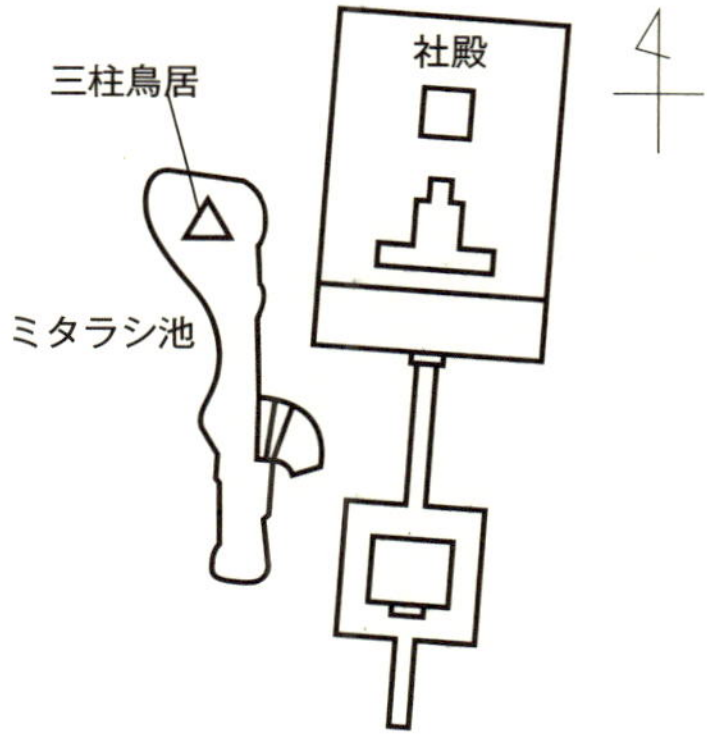

図27　蚕の社境内図

かりになるのはミタラシ祭だ。この意味を考えるためには土用について知っておく必要がある。

土用についての前知識

土気《どき》の作用を土用と呼ぶ。木火土金水がそれぞれを生み出すためには土用が必要とされた。木から火を生み出すためには土で作ったカマドが必要となる。火が灰（土気）を生むときもカマドは必要だ。土が鉱物（金気《きんき》）を生むためには土中深くでなければならない。水を生む岩（金気）は土のなかから露出した深山の岩だ。そして植物が芽生えるためには種を土に蒔かねばならない。いずれも次の気を生むためには土気の援けを必要とするのだ。これが土用だ。

季節を巡らせるためにも土用が必要とされた。春夏秋冬の各季節の最後の十八日間が土用であり次の季節を生み出す準備期間とされた。いまは夏の終わりの土用だけが有名だが、本当は年に四回ある［図28］。


水の三合によれば、水気は秋の旧暦七月に生まれ、冬の十一月に盛んとなり、春の三月に消える。一方、夏の土用は六月最後の十八日間で、これは秋を準備する期間だ。秋の三ヶ月は金気の季節だが最初の七月は水の生まれる月でもある。だからこの六月の土用は水気の誕生をも準備する期間となる。

人体は土気に配当される。それを水に浸すのは土用によって水気を強めようとする行為だろう。牛（丑）も土気の呪具だ。したがって土用の丑の日は土気のもっとも高まるタイミングとなる。このときに行われるミタラシ祭は土気の作用によって水気の誕生を準備するための祭だろう。

〈推論〉祖霊と一体化した水神の領域

わざわざ鳥居を水の三合に組み水上に置いたのは、この泉が水神の聖地であることを示

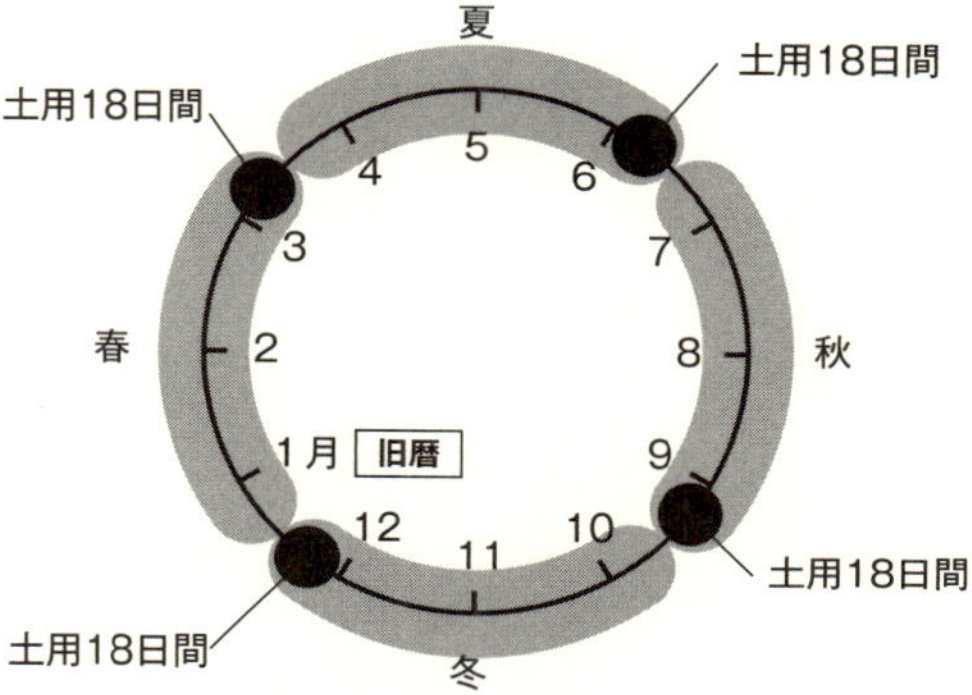

●土用は各季節の最後の18日間が配分される。
●春が夏になるには木気が火気を生むこと。
そのためには木気が土用によって十分強められていなければならない。

図28　一年に四回ある土用

す。

御祭神は錯綜していて水神を見出すことはできない。聖地は時代によってさまざまに使われる。そのたびに神名が変わったり増えたりもする。私はそれを聖地の上書きと呼んでいるが、それでも基本的な神格は最後まで残るものだ。ここの場合、神格は水気の神であり、それを証かすのがミタラシ祭だろう。

ミタラシ祭は土用によって水の誕生をあと押ししようとするものだ。それは水の三合にしたがって、六月の土用が水気の誕生にとって大切な期間だということを知ったうえでの祭祀である。それゆえミタラシ祭の祭場に水の三合を象徴する三柱鳥居を立てたと推定できる。

02

河合神社　火の正三角形

〈現状〉合流地形の謎

河合神社は下鴨神社の摂社《せっしゃ》でタマヨリ姫を祀る。下鴨神社にもタマヨリ姫を祀るが、河合神社は別の神で神武天皇の母であるタマヨリ姫のほうだ。海神の娘である。河合神社の創建は不詳ながら神武天皇のころと伝える。正式には鴨川合坐小社宅神社《かもがわいますをこそべ》という。

さて、河合神社の南側で賀茂川と高野川が合流する。「河合」という名はこれにちなんでいる。地図を見れば分かるように賀茂川と高野川はきれいな正三角形を描いて合流する。護岸の角度を測ると子午線から東西にきっちり三〇度ずつ振れている。ただしどこまでもそれが続くわけではなく、合流点からせいぜい五〇〇メートルまでだ。自然な流路を合流地点だけ加工したように見える。いったい何のためにそんなことをしたのだろう［写真4］［図29］。

手がかり その一　火の三合

これはそれほど難しくない。すでに我々はいくつかの正三角形について考えてきたから

写真４　鴨川合流地点

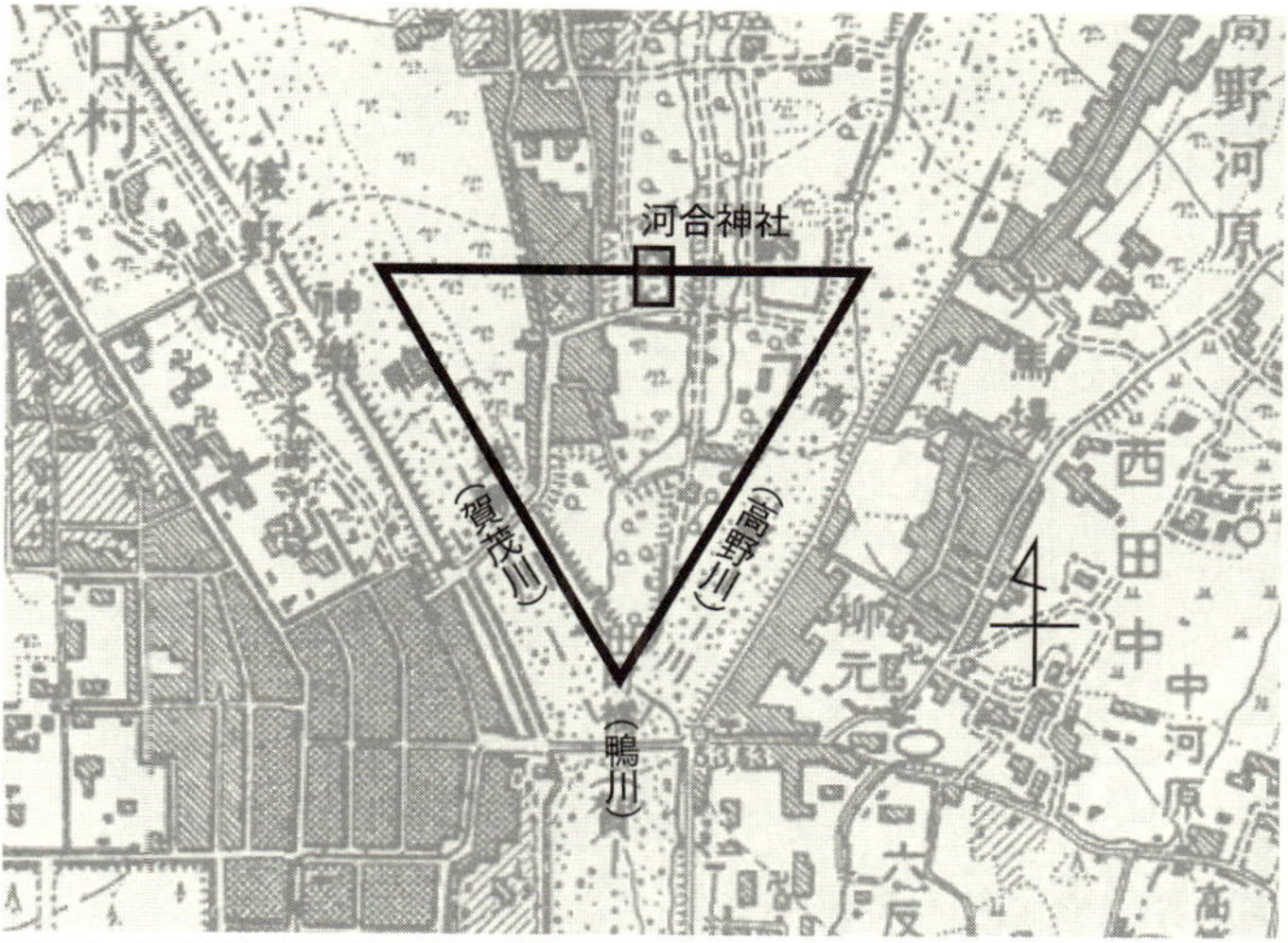

図29　賀茂川と高野川の合流地点（今昔マップ on the web　京阪神 1892 ～ 1910 年に加筆）

もうお分かりだろう。これは火の三合だ。

火気は一月に生まれ五月に盛んになり九月に消える。これを十二支でいえば寅《とら》、午《うま》、戌《いぬ》だ。そのまま方角に置き換えると東南東、南、西南西となる。これが火の三合である［図30］。

手がかり その二 神様を悦ばせるための二つの方法

なぜここに火の三合があるのか。それは五行説の相生《そうじょう》と相克《そうこく》の関係を見れば分かる。

相生と相克についての前知識

五行節は五つの気が循環することで世界を説く。その循環に二通りある。一つは木→火→土→金→水の順番に相手を生み出す循環だ。最後の水気は先頭の木気を生む。これを相生の関係という。

もう一つは木→土→水→火→金の順番に相手を克《こく》す循環だ。克すとは相手を減らしたり滅したりする働きのことだ。最後の金気は先頭の木気を克す。これを相克の関係という。詳しくは巻末を参照されたい［図31］。

この五行説に従えば神様の悦ばせかたは二通りある。つまり相生か相克の関係を

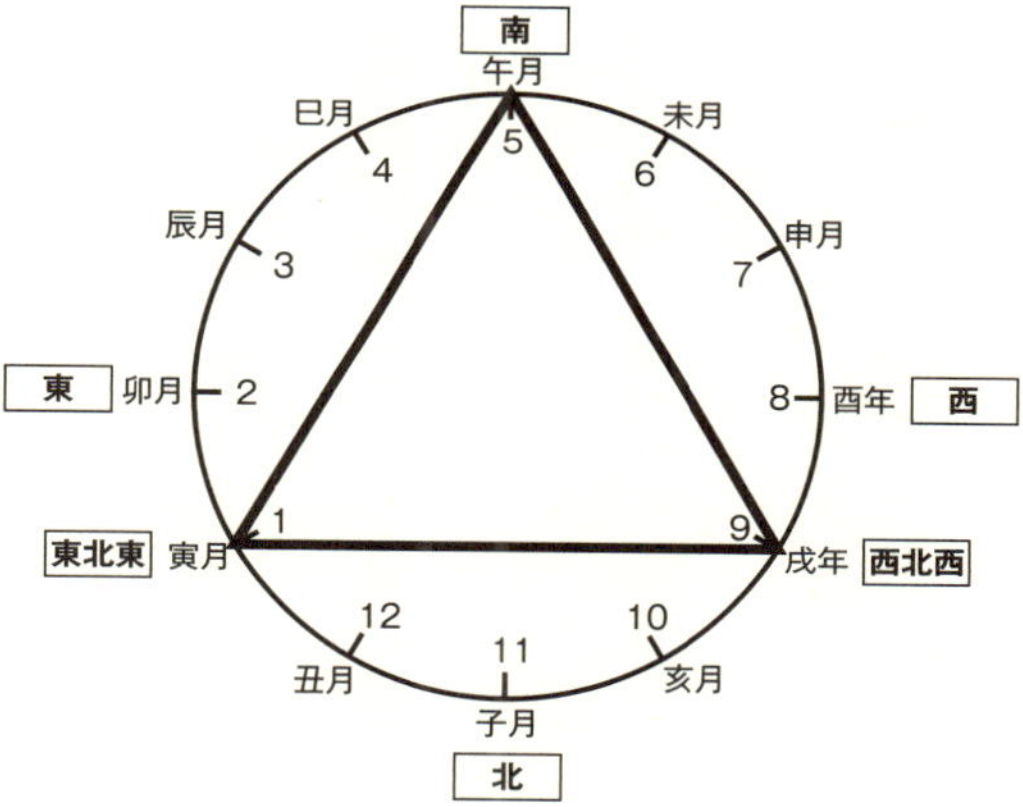

図30　火の三合

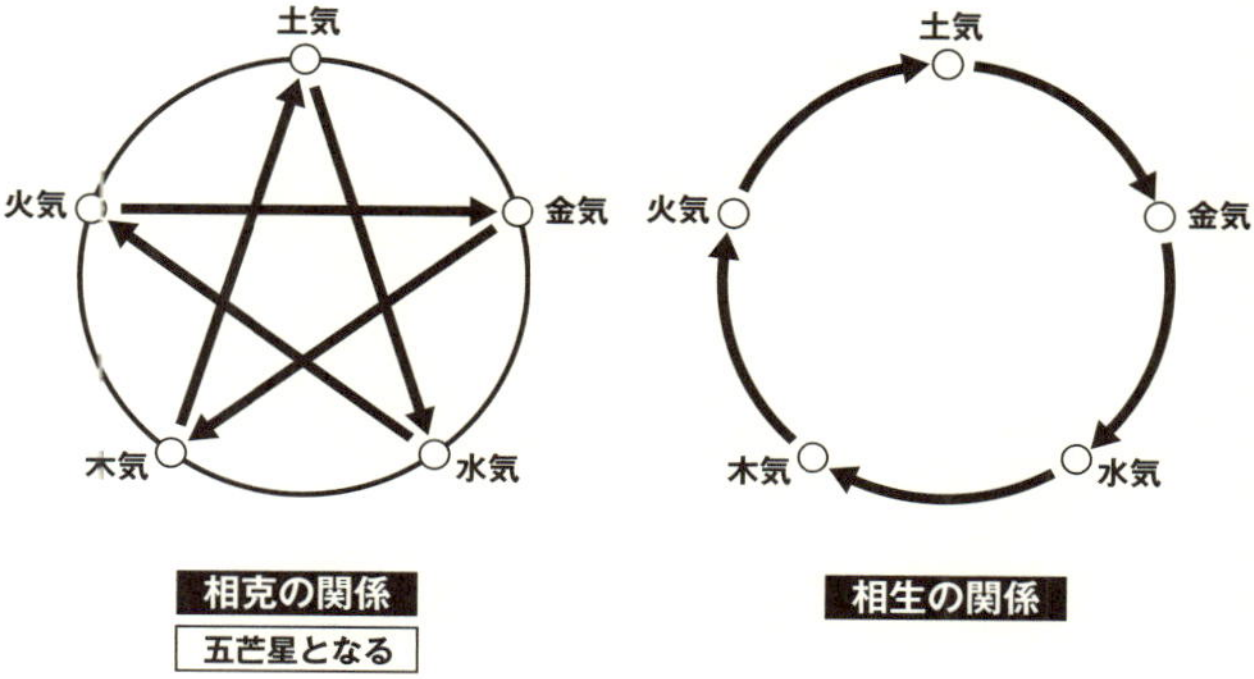

図31　相生と相克の関係

使って神様の気を増やせばよい。たとえば水神であれば次のようになる。

相生の関係を使う方法　水神に金気のものを供える。金気が水気を生むので水気が増えて水神が悦ぶ。

相克の関係を使う方法　水神に木気のものを供える。水気は土気に克される。水神は土気が苦手なのだ。だから木気によって土気を克せば土気が減って水神が悦ぶ。

手がかり その三　供え物から神様の気を割り出す方法

供え物や祭祀に独特のものがあれば、そこから神様の気を推理することができる。もし火の三合が神様への供え物だとすれば、河合神社のご祭神は土気か木気のどちらかだ。

相生の関係　火気によって土気が増すので土気の神様なら悦ぶ。

相克の関係　火気によって金気が克されるので木気の神様なら悦ぶ。

このどちらかということになる。この場合は土気の神様のほうが可能性は高い。なぜなら護岸そのものが土を固めたものだからだ。火の正三角形によってまず補強されるのは護岸そのものなのだ。

〈推論〉 鴨川治水の守り神

河合神社は鴨川治水の守り神としてこの地に置かれたと推定できる。護岸を火の正三角形にしたのは、そうすることで火生土の相生の関係を発動させ土気を強めようとしたからだ。

ただし、ここに祀られるトヨタマ姫が土気かといえばそうともいい切れない。聖地の上書きで分かりにくくなっているのかも知れない。

03

六角堂はなぜ六角形なのか

〈現状〉六角形の聖堂

お堂が六角形なので六角堂と呼ばれる。西国第十八番札所としてにぎわう。正式には紫《し》雲山頂法寺《うんざんちょうほうじ》といい聖徳太子の開基だ。御本尊は高さ一寸八分の小さな如意輪観音《にょいりんかんのん》である。お堂の背後に池があり、活け花の流派・池坊《いけのぼう》の発祥地でもある。池坊は六角堂へ花を供えることから始まったという。さて、六角堂はなぜ六角形なのか［写真5］。

手がかり その一　六の意味

公式には六根清浄《ろっこんしょうじょう》に由来するといわれている。六根清浄とは六つの欲望を捨てることだ。私はそのほかの意味もあると思っている。六にはいろんな意味があるが、結論からいえば六角堂の六は水を表すのだろう。

数字の五行配当についての前知識

五行に数字を配当したものを河図《かと》と呼ぶ。一から五を配したものを生数《なますう》といい、そ

写真５　六角堂の屋根

れに五を足したものを成数《なりすう》と呼ぶ。生数、成数はどちらも「せいすう」「じょうすう」と読めてまぎらわしいので便宜的に訓読みすることが多い。

　五を足すのはこれも土用の働きを示す。たとえば水気は一の段階ではまだ生まれたばかりで水気の働きをすることができない。土気を表す五を加えて一が六に成長したとき、木気を生み出したり火気を克したりする能力を獲得する。六角堂の六は成数だから十分水気の本領を発揮することのできる状態だ［図32］。

手がかり　その二　聖徳太子伝説

　聖徳太子は四天王寺を建てる用材を探すために森へ入った。帰路、とある泉に行きあたり、そこで水浴びをした。そのとき護り仏を入れたお守り袋を傍らの木にかけた。泉から上がって帰ろうとしても守り袋は木から離れない。その日はそのままにして帰り、翌日再訪したところやはり木から離れない。これは護り仏がここから離れたくないということだろうと気付き、その護り仏を御本尊としてお堂を建てた。これが六角堂の創建伝説のあらましだ。そしてこの護り仏は海から出てきた如意輪観音で、朝廷へ献上されたのを聖徳太子がもらい受けたものだった。

手がかり その三
聖徳太子伝説の五行読み解き

これは創建伝説としてとてもよくできている。これを五行説で読めばどうなるか。

一 一(泉)+五(貴人)=六(水気の成数)

泉はそこにあるだけではまだ生数の一でしかない。一方、人体は土気に配される。その人体が聖徳太子ほどの貴人となればその土用はすさまじく大きい。それが泉に入れば、水気は一気に一から六へと成長し木気を生み出し始める。

二 水から生まれた観音

この観音は水のなかから現れたとされる。つまり水から生まれた観音だ。だから水生木の相生の関係から考えて、この観音は木気であると考えてよい。木気は春や誕生を象徴す

河図とは
この2枚の数表のことだ

	2	
3	5	4
	1	

生数

	7	
8	10	9
	6	

成数

図32　生数と成数

るので、観音は妊娠や安産を祈る場合によく登場する。

三　水生木の発動、樹木と如意輪観音との合体

貴人の水浴びによって生み出された木気は周囲の樹木を活性化させ、それが木気の観音像と反応した。

ここまで考えればなぜ六角堂が六角形で、ここが活け花の発祥地の一つとなったかは明らかであろう。

〈推論〉水は木を生む

六角堂の泉は古くからの水神の聖地であった。六角堂の六は水気の成数だ。水気によって木気である如意輪観音を強める働きをしていると推定できる。

御本尊が一寸八分なのは水気の一と木気の八との組み合わせだろう。そこへ聖徳太子の五が加われば一が六に成長して水生木の相生の関係が成立する。札所のナンバーが一八なのも偶然とは思えない。さらに活け花は水盤（水気）に植物（木気）を立てることで水生木の相生の関係そのものを体現する祭祀儀礼と考えられる。

04

六原　大地の女神の領域

〈現状〉　なぜ平家は本拠地を置いたのか

六原がどの範囲を示すのかよく分からなくなっている。とりあえず地図で示すように菊渓川と轟《とどろき》川の合流地点周辺を六原として考えを進めたい。

さて、六原は鎌倉幕府が六波羅探題を置いたことで知られる。そこへ探題を置いたのは六原が平家の本拠地であったからだ。さて、なぜ平家はこの場所に本拠地を置いたのだろう［図33］。

手がかり その一　地獄へ通じる穴

六道珍皇寺《ちんのうじ》は平安時代初期の創建で慶俊僧都《きょうしゅんそうず》の開基と伝えられる。御本尊は薬師如来で山号は大椿山という。六道とは地獄道から天道までの六つの道（世界）のことだ。ここは六道の辻と呼ばれ六道が出会う場所とされた。六道が出会うとは、六つの世界が一時的につながってお互いに行き来できる状況が出現するということだ。その場所に大きな椿の木があるというのが大椿山の意味だろう。

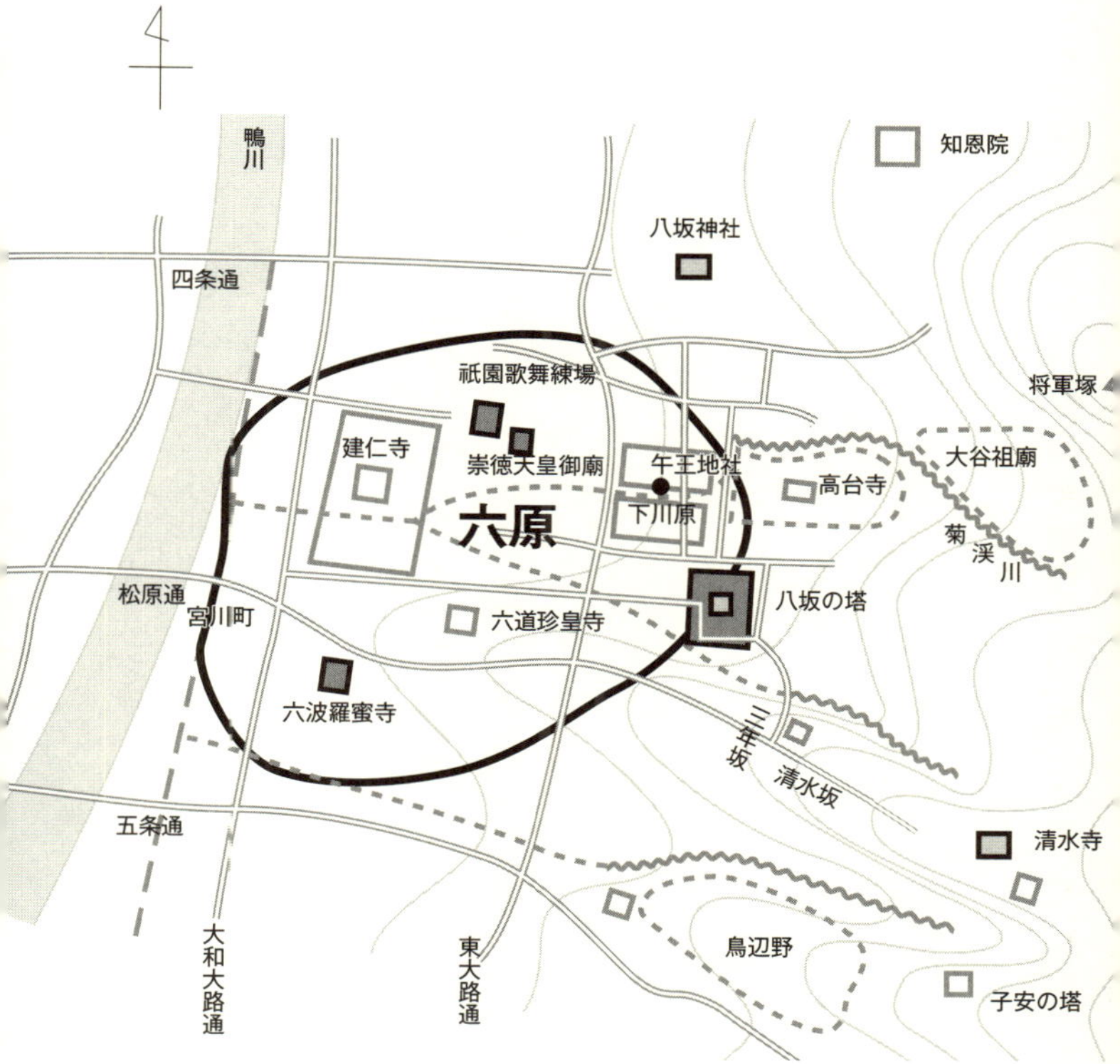
鴨川
知恩院
八坂神社
四条通
祇園歌舞練場
将軍塚
建仁寺
崇徳天皇御廟
午王地社
大谷祖廟
高台寺
六原
下川原
菊渓川
松原通
八坂の塔
宮川町
六道珍皇寺
六波羅蜜寺
三年坂
清水坂
五条通
清水寺
鳥辺野
大和大路通
東大路通
子安の塔

図 33　六原推定地図

この寺には平安初期の貴族・小野篁《たかむら》が地獄へ通ったという井戸が残されている。また、その音があの世にまで響くという迎え鐘も有名だ。つまり六原は地底の国への出入り口と考えられてきた。地底の国は黄泉《よみ》の国とも根の国ともいうが、そこはスサノオノ尊や女神イザナミの治める冥界である。

手がかり その二　空也上人の一大ページェント

平安京が造られてから百五十年ほど経った十世紀なかば、市《いち》の聖《ひじり》・空也上人《くうやしょうにん》が大般若《だいはんにゃ》経供養会《きょうくようえ》という一大ページェントを鴨川で開いた。その場所は現在の松原橋あたりだったようだ。

空也上人は念仏を唱えるだけで極楽往生できるという新しい仏教を開いた。彼は六百巻の写経が完成したときに阿弥陀仏の救いが人々にもたらされるようにと願をかけた。そして十四年の歳月をかけてできあがった大般若経六百巻を阿弥陀仏に捧げる祝祭が大般若経供養会だった。

「こうして輝く金の文字、水晶の軸、紺色の紙、美しい箱ができあがった。十四年間の努力が実り、応和三年（九六三）うやうやしく敬って供養した。たくさんの人を集めてこの喜びをともにするため、供養の会場は王城の巽《たつみ》（南東）鴨川の西の荒原を選び、そこに宝殿を建てた。極楽浄土の風景を模して宝殿の前は白砂の波打ち際、後ろは竹林とした。会場には貴族も庶民もたくさん集まり牛車が並んだ。龍の頭、鷁《げき》の首で飾られた船が教典をのせて鴨川に連なった。管弦の音色は阿弥陀の救いをたたえて奏でられた。天下の壮観とはこのようなことであろう」（『空也上人誄《るい》』著者訳）

彼は西光寺を起こし、その後身が六原にある六波羅蜜寺《ろくはらみつじ》である。六原は地底の国へ通じるだけでなく阿弥陀仏の極楽浄土にも通じていたわけだ。

手がかり その三　牛若丸はなぜここに現れたのか

牛若丸と弁慶が出会うのは京の五条大橋、いまの松原橋だ。鞍馬山で修行した若き日の義経（牛若丸）は弁慶と出会ったあと、軍事的天才として世に現れる。物語のなかの牛若丸は橋上で笛を吹く美少年として描かれることが多い。なぜ少年なのか。

戦争に関する易はいくつかあるが、なかでも「地山謙《ちざんけん》」は「軍隊を動かし、諸侯の領邑を征討するのによい」（出典3）とあり戦勝の予祝に使いやすい。「謙」とは謙譲の意味で、謙虚さこそが戦勝の条件となる。

一方、易の八枚のイメージは次のように家族に配されている。

天ー父、沢ー小女、火ー中女、雷ー長男、地ー母、山ー小男、水ー中男、風ー長女

戦勝の予祝にふさわしい「地山謙」を家族にたとえると母と小男となる。私は神話的英雄が少年の姿をとるのはこのためだと考えている。牛若丸がそのよい例だ。ほかには日本神話のヤマトタケルや『太平記』の北畠顕家《きたばたけあきいえ》が思い浮かぶ。聖徳太子が物部守屋《もののべもりや》との戦に出陣したのも少年時代だった。

一方、母は「地」なので大地の女神に相当する。西洋であればグレートマザー（地母神）といったところか。易を家族関係にあてはめれば「地山謙」のイメージは大地の女神に愛される少年というイメージを結ぶ。日本神話のヤマトタケルとヤマト姫の関係は「地山謙」そのものだろう。

手がかり その四　鳥辺野へ至る坂

六波羅蜜寺や六道珍皇寺を過ぎると松原通はやがて清水坂《きよみずざか》となる。この坂はヨモツヒラ坂と同じように死者の国・鳥辺野《とりべの》へ続く。鳥辺野は古代から続く葬送地で、いまでも各宗派の大きな墓地が並ぶ。坂の上に現れる巨岩は地主《じしゅ》神社の御神体だ。そこに祀られるのはオオクニヌシノ命だが、地主神社の名前の通り「地」の神の領域だ。鳥辺野は地の国の主が支配する「地」の領域である。

〈推論〉 大地の女神の領域

六原は数字の六に満ちている。六波羅蜜寺、六道珍皇寺、阿弥陀仏に捧げられた六〇〇巻の大般若経、そして空也の唱える念仏は南無阿弥陀仏の六文字だ。六にはさまざまな意味があるが、この場合の六は易の「地」を表わす六と考えてよいだろう。六原の最大の特徴が地底の国への出入り口であることを考えれば、やはり大地を示す六と考えるのが妥当だ。

坂の入り口である六原は坂の上の鳥辺野と同じように大地の女神の支配する領域だった。一方武家は「地」の領域を求めた。なぜなら戦勝を予祝する「地山謙」の易を立てるためには大地の女神に愛された少年というイメージを完結する必要があったからだ。ヤマトタケルが自分たち自身だとして、これを援けるヤマト姫のような存在を求めたわけだ。幸いに六原には地の国を統べる大地の女神の領域だった。だから平家はここに本拠を構えたと推定できる。

05

清水寺　観音の霊場

〈現状〉　墓地に隣接する安産を祈る聖地

観光客でにぎわう清水坂はもともと葬送儀礼と子安《こやす》信仰の坂だった。まずその地形を見ておきたい。

坂といえば谷間を上がるイメージがあるが、山の奥へ分け入る坂のほとんどは尾根筋にある。谷筋は行き止まりであることが多いからだ。この坂も尾根筋であり、元来は清水寺からさらに上まで通じていたのだろう。

東大路との交差点に立つと北へも南へも土地が下がっているのを見通すことができ、この道がすでに尾根筋であるのがよく分かる。三年坂あたりから上は街並みに遮られて分かりにくいが左右は絶壁となっている［写真6］［写真7］。

坂は清水寺門前でカーブを描き、最後の最後で目前に朱塗りの楼門が現れるという巡礼路らしい演出がほどこされている。寺は尾根上のピークの一つで、その岩に本堂が張り付く。崖は見事な石垣で増強され、そこから有名な清水の舞台が中空へ差し出されている。とてもドラマチックな構成で何度来ても見飽きない。

写真６　東大路の北（左）と南（右）

写真７　寺（左）と地主神社（右）

さて、清水寺は鳥辺野のおびただしい墓場と隣り合っている。一方、寺の創建伝説はあとで紹介するように安産祈念と結びついていた。いったい墓地と安産にはどんな関係があるのだろう［図34］。

手がかり その一　観音の領域

清水寺を開いたのは延鎮《えんちん》という僧だった。彼は森の奥で滝を見つける。その滝の前に小屋があり白髪で白い衣の老人と出会う。彼は自らを行叡《ぎょうえい》と名乗り延鎮にこう告げた。

「自分は数百年間ここに住んで観音のマントラを称えてきたが、これから東国へ行かねばならないので留守を預かってほしい。そして、この樹で観音を作りなさい」

とても不思議な伝説だ。行叡は伝説上の僧だが延鎮は平安京のできるころ活躍した実在の人物だ。彼は森を歩いて生きた薬師と出会うなどさまざまな神秘的な体験をしている。

この伝説は、この場所が観音の霊場であることをはっきりと述べている。さらにそこは滝の水煙の立ち込める過剰な水気の聖地だった。水と観音の組み合わせは六角堂と同じく水気が木気を生むという「水生木」の相生の関係である。行叡が観音像を樹で作れというのは、この観音が木気であるという証拠だろう。むせるかえるような水気のなかで木気は育つ。木気は誕生を象徴することから、ここは妊娠と安産を祈るための霊場となった。

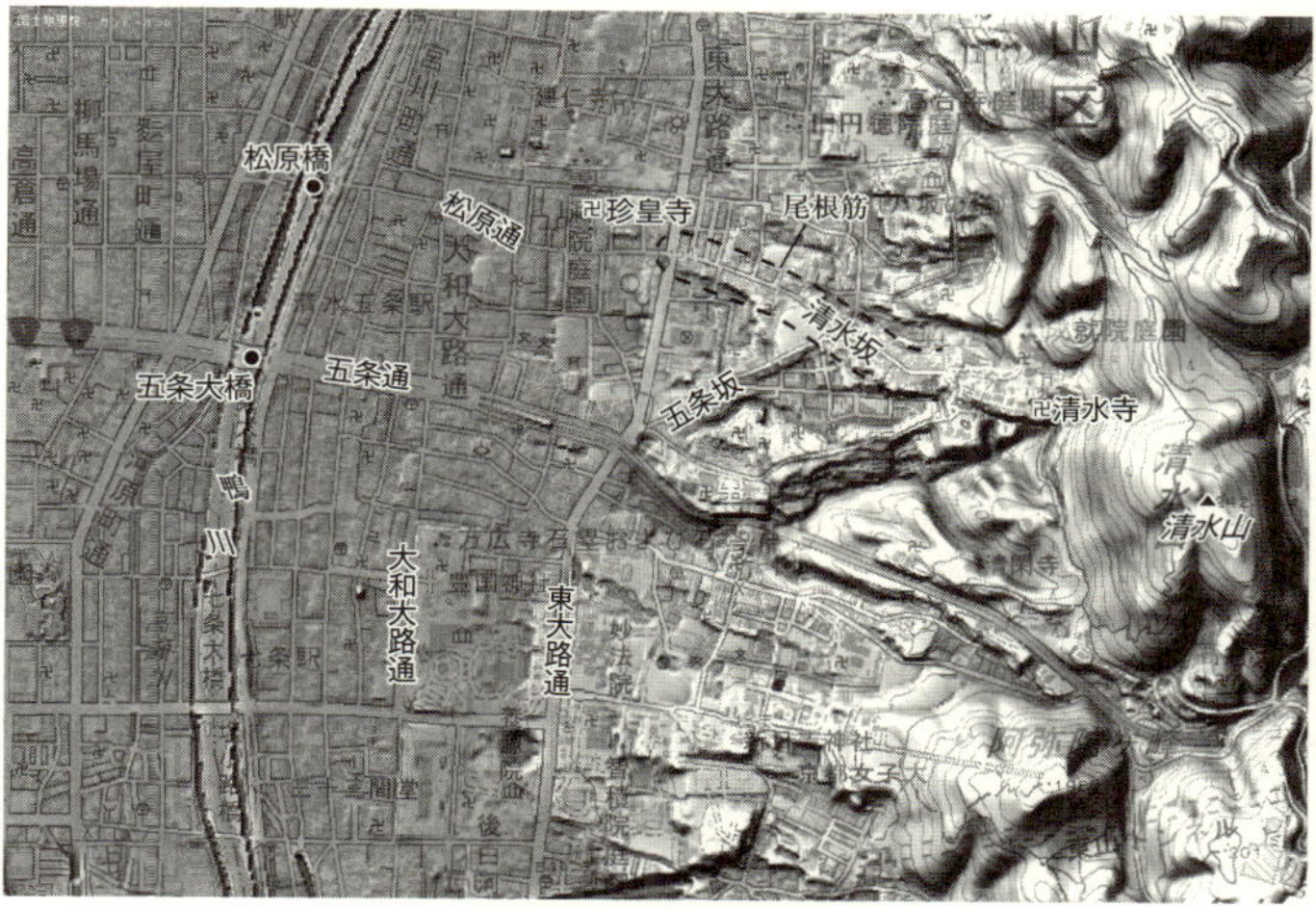

図 34　尾根地形地図

手がかり　その二

坂上田村麻呂《さかのうえたむらまろ》の伝説

明治になるまで清水寺の門前に泰産寺《たいさんじ》という寺があった。いまは門前広場になっている場所だ。廃仏毀釈《はいぶつきしゃく》のため移設され、清水寺の舞台の南側に見える塔がそれだ。これは子安の塔と呼ばれるが、子安とは妊娠や安産を祈る信仰のことだ。

もともと三年坂は産寧坂《さんねいさか》と書き、泰産寺への参道だったという説がある。産寧とは寧《やす》らかな出産という意味で、泰産も泰《やす》らかな出産という意味だから同じことだ。清水坂は子安の道だったわけだ。

そもそもこの寺と坂上田村麻呂とが出会ったのも妻の安産祈念がきっかけだった。まだ都が奈良にあったころ、彼は妻の安産のためにこの森で鹿狩りをした。そこで延鎮と出会い観音霊場での殺生を諌められ観音信仰こそ安産の道だと教えられる。田村麻呂が観音に祈ったところ妻は安産し、喜んだ田村麻呂夫妻がお堂を寄進したと伝える。鹿狩りと安産との関係が判然としないが、清水寺の創建と子安とが関わっていることが興味深い。

手がかり その三　古代の死生観

人は死ぬと山へ帰ると考えられた。だから山へ葬るのだ。鳥辺野はそんな山のなかの墓地である。その死者の国へ繫がるのが清水坂のような坂だった。日本神話のヨモツヒラ坂がその原型だろう。イザナミとイザナギはこの坂で次のように誓う。

イザナミ　愛《うつく》しき我が夫よ。かくなる上はあなたの国の民を一日に千人絞め殺しましょう。

イザナギ　愛しき我が妹よ。おまえがそうするならば私は一日に千五百の産屋を立てよう。（古事記、著者訳）

これが人が死んだり生まれたりすることになった発端だと語られる。坂は命が死んで帰るところでもあるし、新しい命をもらいにいく場所でもあった。

〈推論〉　生と死が隣り合わせの聖地

　清水寺は水気の多い場所だった。そうした場所には水気が木気を育む相生の作用が働く。木気を象徴するのが木で作られた観音像だった。一方で清水坂は死者を送る坂でもあった。古代の死生観によれば人は死ねば山へ帰る。したがって子を授かるには山から命をもらい受ける必要があった。したがって清水寺は墓場と隣り合わせに立ち、子安を祈る観音霊場となったと推定できる。

06

八坂神社に天を探す

〈現状〉 天はどこにある

八坂神社は江戸時代までは神仏習合の聖地だった。そのころの地図を見れば現在の本殿の西隣りに薬師堂があったことが分かる。明治になって神仏分離が行われると薬師堂は取り除かれ、社名も祇園社から八坂神社へと改められた。祇園という言葉が仏教由来であることが問題視されたためだ。しかし今でも人は八坂神社のことを祇園さんと呼ぶ［図35］［写真8］。

さて、祇園祭の発祥地が神泉苑であることを第一章で見た。それは易の「天沢履」を使った予祝儀礼であることを確かめた。

天沢履の予祝の概略

予祝とは前祝いをすることで願いをかなえようとする行為だ。祈りはいつでもどこでもできるが、それを人に見せようとすると分かりやすい形式が必要となる。祭は陰陽五行説や易から形式を借りることが多い。易の「天沢履」は、虎の尾を履《ふ》ん

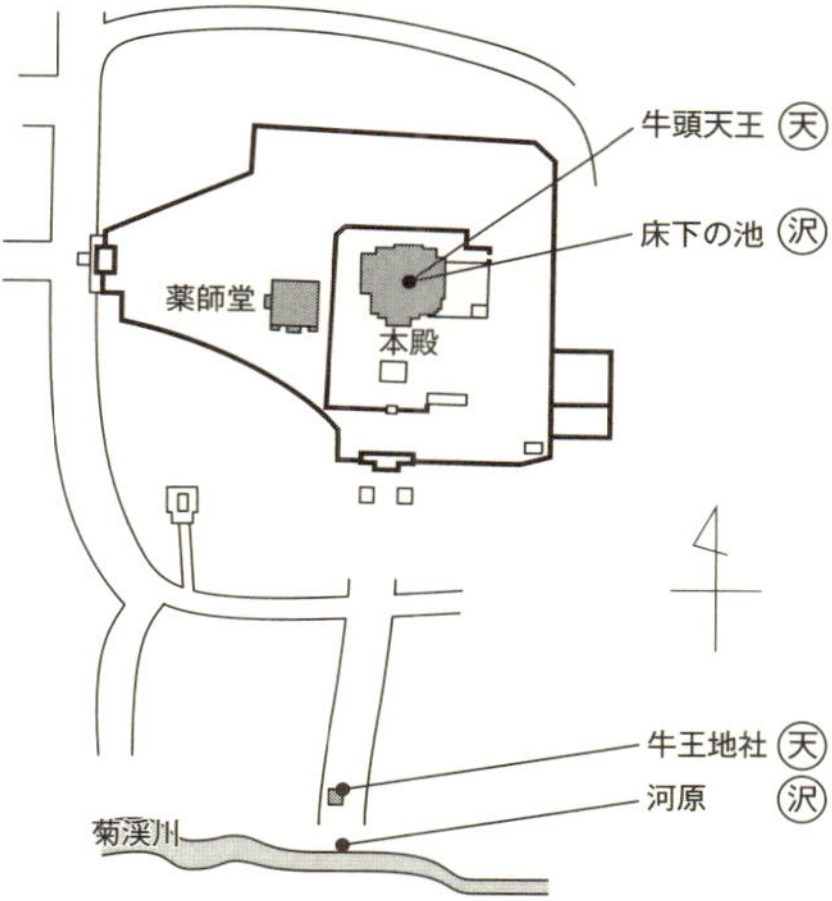

図 35　江戸時代の境内図

写真 8　薬師堂のあった場所

でも大丈夫というオールマイティな易なので、どのような種類の祈りにも適用できる。この易を予祝に使うならば「天」を示すものと「沢」を示すものを揃える必要がある。祇園祭の場合は、天は六十六本の矛であり、沢は神泉苑を使った。

さて、八坂神社そのものも「天沢履」でできている。まず本節では「天」を探してみよう。

手がかり　牛頭天王とは何か

まずご御祭神について確かめておこう。祇園社に祀られるスサノオノ命は牛頭天王とも呼ばれた。牛頭天王の神話は次のとおりだ。

牛頭天王は吉祥国の大王で、あるとき龍王の娘を娶《めと》りに旅に出た。途中で金持ちの巨旦《こたん》将来《しょうらい》に宿を依頼したが断られ、ようやく村はずれの貧乏な蘇民将来《そみんしょうらい》の家に泊まることができた。牛頭天王は嫁取りの帰りに宿を断った家に復讐をする。そのとき牛頭天王は宿を借りたお礼として茅の輪を身に付けている人間は見逃すと蘇民将来に教えた。村には牛頭天王によって疫病が流行るが、茅の輪を付けた蘇民将来の一族だけは助かった。

茅《ち》の輪とは河原に生える茅《かや》を輪にしたものだ。大型のものは神社の境内に置きそれをくぐって無病息災を願う祭祀に使う。小型のものは身に付けてお守りとした。いずれも牛頭天王の神話に基づく神事である。

ちなみに茅という字に矛《ほこ》が含まれるのは偶然ではなかろう。茅《かや》が矛《ほこ》と読み替えられて祇園祭の鉾《ほこ》に繋がるようにも見える。

さて、この牛頭天王は金気の神といわれている。

「五行説により金気の神とすることは、忌部正通《いんべのまさみち》が「素戔嗚尊《スサノオノミコト》は地中金精の神である」といったことにも見え、度会延佳《わたらいのぶよし》も「金徳の神で水を生ずる徳があり、伊弉諾尊《イザナギノミコト》が海原を治めよと仰せられたわけがある」とした」（出典7）

「地中金精」とは地面のなかで金気が成長するという土生金の相生の関係をいっている。「金徳の神で水を生ずる徳」とは金気が水気を生むという金生水の相生の関係をいっている。いずれにしても牛頭天王は金気だということだ。

〈推論〉見つかった「天」

御祭神の牛頭天王自身が「天」であると推定できる。

易の「天」は九星図に従えば金気に配当される。牛頭天王は金気の神様なので天王を名乗るのだろう。天王や天神など「天」を冠した神は、金気の神様であると同時に易の「天」の性質を兼ね備えていることを意味する。

07

八坂神社に沢を探す

〈現状〉 沢はどこにある

八坂神社の御祭神が「天」であることを前節で確かめた。では「沢」はどこにあるのだろう。

手がかり その一 下河原と牛王地社《ごおうちしゃ》

八坂神社の創建については諸説あり定説はない。宮司だった高原美忠《たかはらよしただ》は著書のなかで諸説を検討したあと自説を述べる。

「この八坂の地が文化の交流する中心であり、八坂神社の創立せられたのは一朝一夕のことでなく、この地にわれらの祖先が住みそめた時から、いつとは知れず自然に創立せられ、神威の発揚とともに今日にいたったものと思う」（出典7）

私もそう思う。原始的な宗教が陰陽道や仏教の形式を吸収しながらいまの神格を作りあげたのだろう。聖地の上書きがあったとしても基本的な祈りの形式は継承されるものだ。それがここでは防疫にあった。

ここにある「文化の交流」とは創建伝説に見られる国際交流をいっている。牛頭天王は新羅《しらぎ》から招来したというものや、高麗《こうらい》の使者が八坂に住み着いて牛頭天王の信仰を伝えたというものが創建伝説には含まれているのだ。

牛頭天王は祇園精舎《ぎおんしょうじゃ》の守護神ともいうが実態は判然としない。新羅から日本へ渡り兵庫県の広峯《ひろみね》社にとどまったあと八坂神社へ入ったともいう。平安時代にはしばしば地方の異神が大群衆とともに入京する事件があった。牛頭天王もそうした異神として出現したというのだ。

江戸時代の「都名所図会」には菊渓川《きくたにがわ》にかかる橋の北側に牛王地社という祠があり、広峯社から担ぎ込まれた神輿はここに据えられたという。いまはこの小祠はない。廃仏毀釈の激動のなかで失われてしまったのだろう〔図36〕〔写真9〕。

この図会では小祠が菊渓川のほとりに描かれているところが興味深い。なぜなら、ここでも「天沢履」が成り立っているからだ。菊渓川と轟川《とどろきがわ》とが合流する下河原は天神の降臨する沢であったのだろう。

手がかり その二　本殿下の池

八坂神社についてもう一つ興味深いのは、現在の本殿床下に池があることだ。

「この本殿母屋の下には池がある。今はセメントで蒲鉾型に覆がしてあるが、昔はこの覆はなく、青々とした水を湛えているのがよく見えた。(中略)これを火災の時、御神体が水中に入って炎上するのを防ぐためなどといっている人もあるが、そういうものではなく、水の上に祭るところに意義があるのである」(出典7)

この池もやはり「沢」であろう。ここでも「天沢履」の予祝の形式は繰り返されているのである。

〈推論〉見つかった「沢」

「沢」は下河原や本殿下の池だと推定できる。

易の沢はもともと兌と書く。これは口寄せをする巫女の象形文字といわれている。口寄せとは神がかって神の言葉を口にすることだ。

また、兌が悦ぶという字に似ているので、沢には悦ぶという意味もある。一つの言葉に多重な意味があるところに易のおもしろさがある。したがって「天沢履」の祭りは牛頭天王を悦ばせるという意味にもなる。悦ばせることで牛頭天王は防疫力を発揮し疫病が一掃される。そうあってほしいという予祝の気持ちを込めて祭祀を行い神に祈りを捧げるのである。

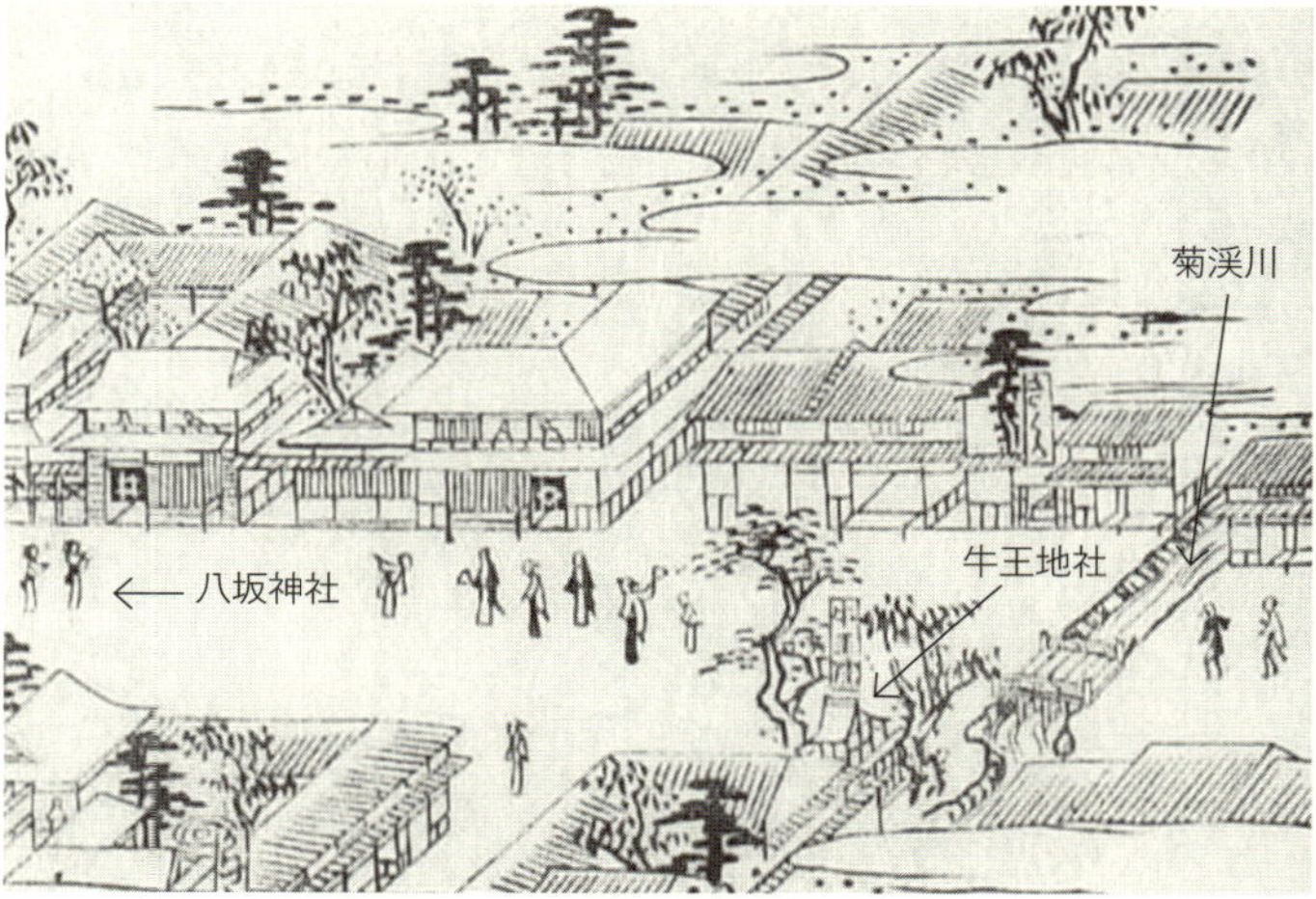

図 36　都名所図会「下河原」（国際日本文化研究センター所蔵）

写真９　牛王地社のあったあたり

08

八坂の塔はどこにある

〈現状〉 八坂の塔の立地

八坂の塔は法観寺ともいう。正式には霊応山法観禅寺といい御本尊は薬師如来である。開基は聖徳太子で五九二年創建とされている。五九二年は崇峻帝が暗殺された年で推古帝が帝位を継いだ。聖徳太子が皇太子となるのはこの翌年のことだ。

実は八坂という地名がどこを指すのか分からなくなっている。八つの坂があるという説もあるそうだが、単純に六原から八坂の塔へ登る坂が八坂でよいと私は思う。八の意味はよく分からないが、私は数字ではないと思う。思いあたるのは初瀬《はせ》の「初」だ。初瀬は長谷とも姨捨《おばすて》（小初瀬）とも書くが、要するに葬送地のことだ。初瀬が八瀬となり八坂となったのかもしれない。

さて、法観寺はなぜこの場所にあるのか［写真10］。

手がかり その一 四天王寺との類似

法観寺は四天王寺とよく似ている。同じ聖徳太子開基の伝承を持つだけのことはある。

写真10　八坂の塔と坂

四天王寺の北側に六時堂が建つ。六時とは六時礼讃《ろくじらいさん》のことで一日に六回、阿弥陀仏を称える儀式を行うことだ。

また、四天王寺は夕陽を眺める日想観《にっそうかん》で有名だ。四天王寺から大阪湾へ向けて西に伸びる逢坂《おうさか》の先に夕陽は沈む。夕陽で坂が朱に染まるころ、沈む太陽に極楽浄土が見えるという。それが日想観だ。逢坂は極楽往生を願う者たちにとっての聖域だ。

八坂の塔と四天王寺の類似点を図にするとこうなる。まず西へ伸びる坂がある。坂の上は墓場であり日想観の聖地だ［図37］。

注目したいのは八坂も四天王寺も薬師の領域とつながっていること。四天王寺はその北側に六時堂がある。八坂は御本尊が薬師であるばかりなく、その北側にも広大な薬師の領域たる八坂神社を控えている。

聖徳太子創建の二つの寺は死者を送るとともに薬師による防疫機能も備えているわけだ。それは流行病は戦死者が引き起こすという古代の死生観から導かれたものだろう。戦死者の霊を弔うためには防疫のための安全装置として薬師（牛頭天王）を用意しておく必要があったわけだ。

さらに仏教寺院の塔は釈迦の墓でもある。死体や墓は土気だが、釈迦の墓ともなれば最大の土気となる。それに隣接して金気の神を置くことで「土生金」の相生の関係が働き、金気の神は一層強化されることになる。

手がかり その二　法隆寺との類似

法観寺は法隆寺ともよく似ている。法隆寺を易で読めばいろいろおもしろいことが分かるが、ここでは法隆寺が担った防疫機能についてだけ見ておこう。

法隆寺金堂の薬師如来像には、聖徳太子が父王・用明帝の病気平癒のためにこの仏像を作ったと刻まれている。この薬師像には病気平癒の願いがかけられているのだ。私は法隆寺はその創建の段階から疫病封じが目的だったと考えている。それはこの寺の守護神が風の神である龍田大神であるからだ。

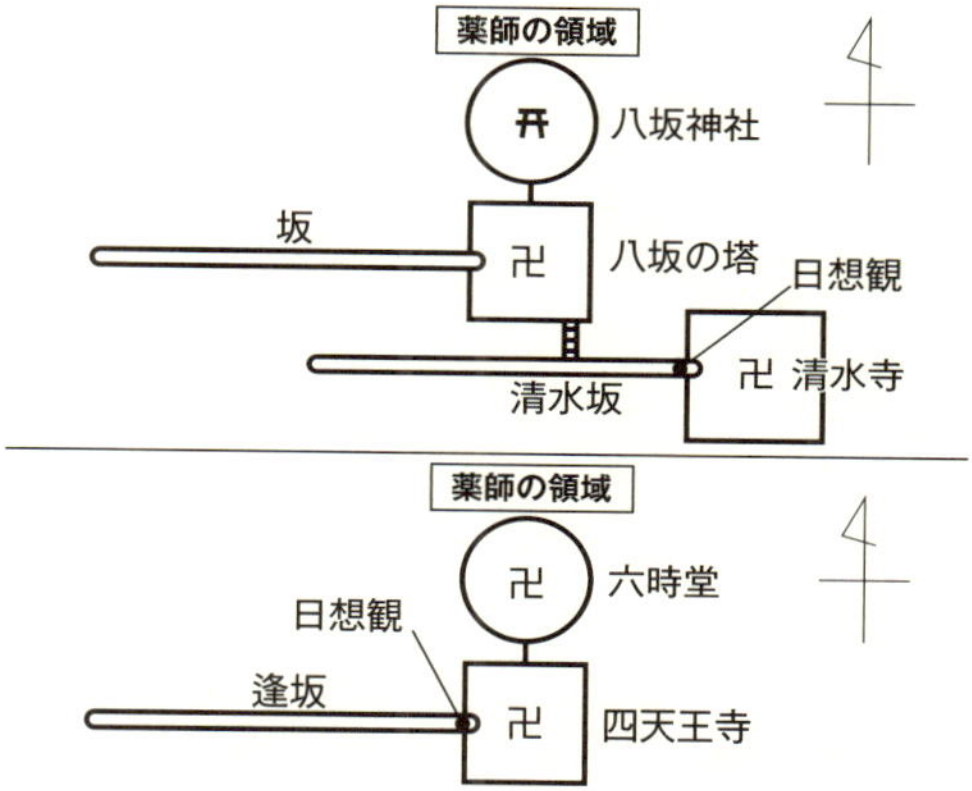

図37　四天王寺（大阪）と八坂の塔の共通点

この場合の風は暴風ではなく疫病を象徴している。それは病が風に運ばれるように病と風とは同じ性質だと考えられていたからだ。そして風は木気に配当される。風に揺れる木がよく風と馴染んでいるからだろう。したがって風の神・龍田神は疫神と考えることができる。

崇神《すじん》帝の時代に不作と疫病が起こり、天皇の夢に現れた龍田神が我を祀れといったのが龍田大社の始まりだ。やはり防疫目的で創建されたのだ。

法隆寺の中門が四間×三間なのもそのためと考えられる。四は金気の生数、三は木気の生数だ。金克木の寺であることを門が示している。

聖徳太子ゆかりの寺には「法」の字が付

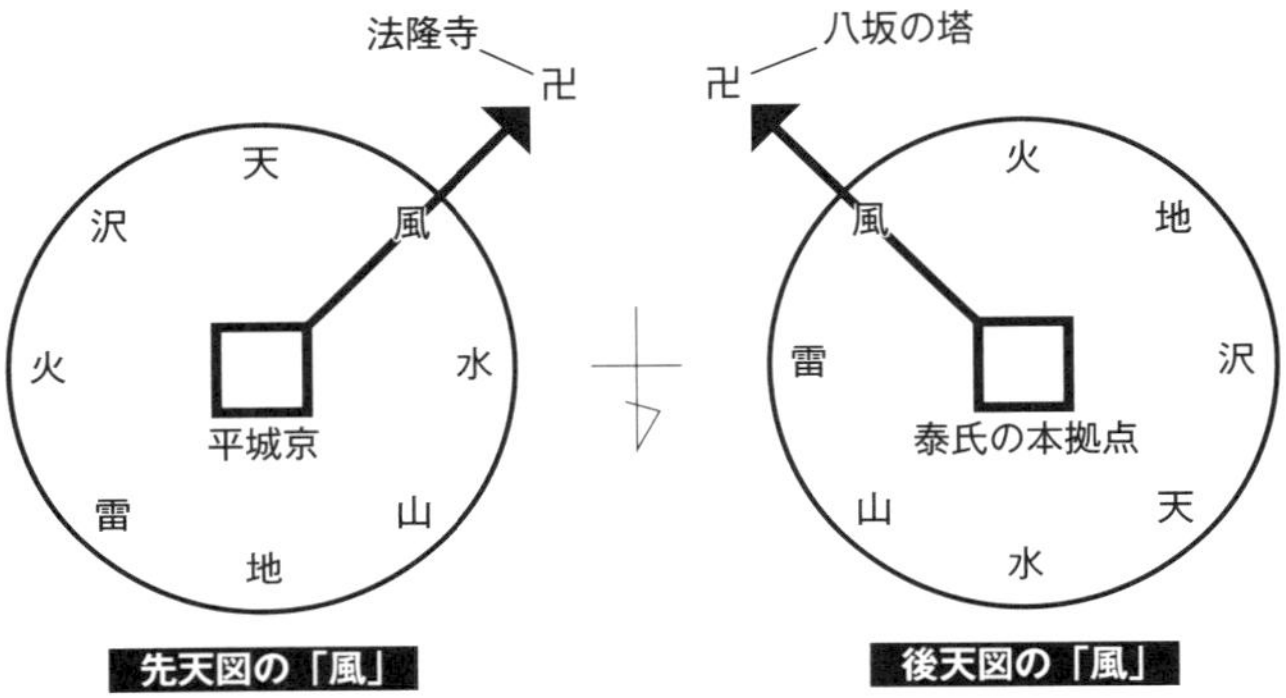

図38　法隆寺と八坂の塔の共通点

くことが多い。それは太子が仏法を日本で最初に弘めた人物だからだが、この「法」の字を分解すると「水」と「去る」になる。水を遠ざけるとは、五行説でいえば木気の働きを弱めることになる。つまり病魔の勢いを削ぐという意味にとれる。法の字の付く聖徳太子由来の寺院は疫病除けの予祝である可能性がある。

〈推論〉防疫装置としての仏教寺院

再建法隆寺の文献上での初出が持統帝のとき（六九三年）で、それから平城遷都（七一〇年）までのあいだに塔のなかへ塑像を作るなどの整備が続けられた。それは法隆寺が都の南西にあたり、南西は先天図の「風」の位置にあるからだろう。つまり平城京造営にあたって防疫の要として法隆寺を位置づけたわけだ［図38］。

一方、法観寺は大内裏の南東にあたる。先に取り上げた空也上人の資料でも、六原あたりを「都の巽《たつみ》」と呼んでいた。巽とは南東のことである。平安時代に六原を「都の巽」とする見かたが存在したことの証拠だろう。六原周辺は平安京から見れば東になるが大内裏から見れば南東となるのだ。こちらは後天図のほうの「風」だ。

大内裏のある神泉苑には元々秦氏の本拠地があったといわれる。秦氏が京都盆地を拓いたとき、巽の守りとして疫神を祀ったのが法観寺だったと推定できる。

ちなみに「巽《そん》」という言葉は易の用語であり風を意味する。後天図の風の位置である南東を巽と呼び、それを十二支の辰巳と読み替えたため巽を「たつみ」と読むようになった。ほかの三つは、艮《うしとら》（＝山、丑寅《うしとら》、北東）、坤《ひつじさる》（＝地、未申《ひつじさる》、南西）、乾《いぬい》（＝天、戌亥《いぬい》、北西）である。

09

伏見稲荷大社　なぜ商売繁昌の神様になったのか

〈現状〉　土手に群がる小祠

伏見稲荷大社の本殿から奥ノ院への参道の途中に新池（谺《こだま》ケ池）と呼ばれる溜池がある。熊鷹大神《くまたかおおかみ》を祀る社殿がある。暗い堂内にお灯明の灯る様子が厳かだ。静かな水面の前で手を打つと探し人のいる方角からこだまが返ってくるという［写真11］。池は谷筋を大きなダムのような土手で遮って造られ、土手の斜面一帯には個人や法人の祀る小さな祠がびっしりと生えるように置かれている。これはいったい何なのか［写真12］。

手がかり その一　土気の神様としての稲荷神

民俗学者の吉野裕子は著書『狐』のなかで稲荷信仰を分かりやすく解説してくれた（出典8）。あるとき長雨が続き農作物に被害が出始めた。さらに長雨が続きそうだと分かったとき、朝廷は土気の山を探し出しそこに土気の神様を祀ったという。それは和同四年（七一一年）、奈良の平城京に遷都した翌年だった。

稲荷山がなぜ土気か。山の形も五行に配当されていて、頂上が平らな山は土気なのだ。

写真 11　新池

写真 12　新池の土手

稲荷山も遠くから見るとピークが一直線でまさに土気の山である。また、狐は穴に棲むところや色が土気を表す黄色であることなどから、土気の動物と考えられていた。獣は一般に白虎のように金気であることが多いから、狐は特殊な事例ということになる。土気の山に土気の狐神を祀ったのが伏見稲荷大社の始まりだった。

なぜ土気の神様を祀ったのか。それは土克水の相克の関係を予祝に使い雨を止めようとしたからだ。

手がかり その二　土気の神様の二通りの悦ばせかた

吉野は土気の神様の悦ばせかたを二通り解説してくれる。それは五行説の相生と相克の関係を使うものだ。

相生の関係　火気のものをお供えする。火気は土気を増やすので土気の神様が悦ぶ。稲荷大社の鳥居が朱《あか》いのはこのためだ。稲荷大社では大小さまざまな朱い鳥居が用意されており、人はそれに願いをかけて奉納する。

相克の関係　木気のものを取り除く。木気は土気をむしばむので、木気を取り除けば土気の神様が悦ぶ。稲荷大社には験《しるし》の杉という神事がある。二月の大祭に参詣したあとで伏見山に生える杉の葉を小枝ごとむしってくるというものだ。これは木気を痛めつけて土気の神様を悦ばせる方法だ。

手がかり その三　五行説を応用した予祝の副作用

こうして五行説を応用した予祝儀礼が行われた。土克水の形式を示し、朱いものを供え木気を克して長雨が止むことを祈ったわけである。その願いが聞き入れられたかどうかは分からないが、予祝儀礼を大掛かりに行うことで人々の安心は得られたことだろう。

さて、この予祝儀礼の形式には思わぬ副作用があった。それは土気が肥大化したとき土生金の作用が発動したのである。ここにおいて土気の神様は止雨の神から商売繁昌の神へと転換した。

〈推論〉土気の神様は金を生む

溜池の土手は巨大な土気である。それは稲荷神の依代《よりしろ》といってもよいだろう。そこに場所を占めて祭祀を行えば金気が増すこと間違いなしと考えられる。土手を神域とするのは土生金の相生の関係を使った予祝儀礼であると推定できる。

なお、この土手には金属工業関係の祠が少なくない。それは土生金の作用を期待して家業の安全と繁栄を願う予祝である。さらに奥ノ院近くに御《み》劔社《つるぎしゃ》がある。平安時代の名工・三条小鍛治宗近が名刀を打った場所といわれている。刀鍛冶の相槌は稲荷神の化身である小さな狐が務めた。そのためできあがった名刀は小狐丸と呼ばれたという。いまでも鍛冶師や金属系の職人の信仰があついと聞く。これもこの山が土生金の聖地であることを示している。

第3章

庭園の風水地理学

01

金閣寺庭園　金閣とは何か

〈現状〉　日本国王の庭園

金閣寺庭園は日本国王となった室町幕府三代将軍足利義満の造った庭だ。造営された一三九七年当時、義満は将軍職も太政大臣職も辞めて出家し上皇のような立場にあった。寺になったのは彼の死後で、当初は義満の政庁として機能した。上皇の御所のようなものである。

その後義満は大明帝国から日本国国王に冊封《さくほう》され、名実ともに権力の頂点を極めた。金閣の分かりやすい豪華さは帝王の振る舞いとして説かれることが多い。ただし、いまの金閣を易で読むと分かりにくい部分が残る。今は二層目と三層目にだけ金箔が貼られている。なぜ一層目は金色でないのか。本当に最初からこの姿だったのだろうか。本節では、易を通して金閣の当初の姿を追ってみたい。

手がかり その一　天沢履の庭

水際に金色の建物があるのだから、これが「天沢履」の予祝であるのは間違いない。こ

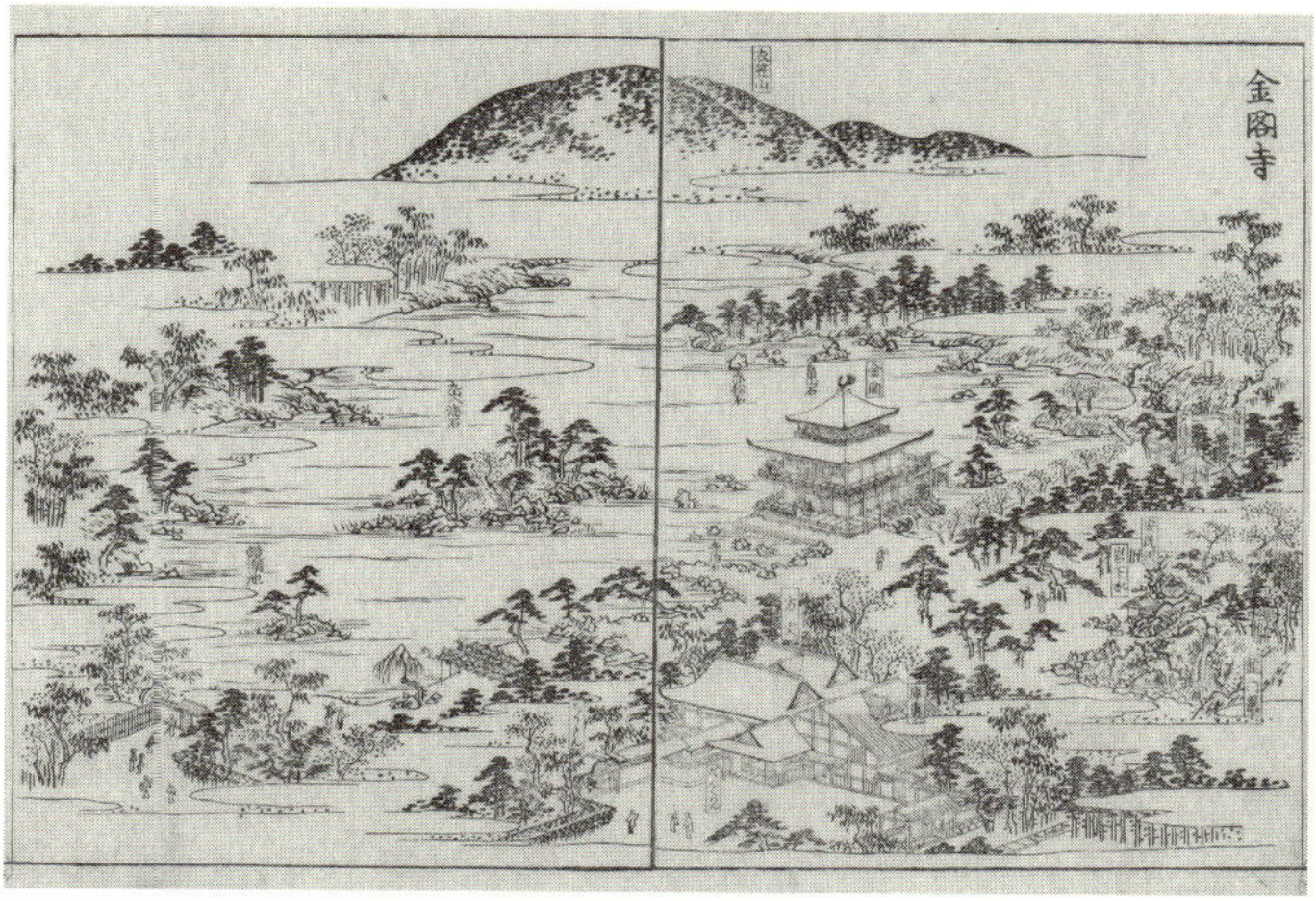

図39　都名所図会「金閣寺」（国際日本文化研究センター所蔵）

の予祝はすでに幾度も出てきた。易は二つのイメージが揃うと結果が出る。水際は易の八つのイメージのなかの「沢」を示す。一方、金色の建物は五行でいえば金気だろう。易の八つのイメージのうち金気なのは「天」と「沢」しかない。「沢」を採ると上下のイメージが同じになって意味も「沢」となるが、これでは何の予祝か分からない。やはり金閣を「天」と見立て、池を「沢」として「天沢履」の予祝を成したと考えるのが自然だ。

「履」は虎の尾を履んでも大丈夫というあらゆる予祝に使える易だ。聖徳太子も国家の安寧を願ってこの易を使った。義満も同様に国家の安定と繁栄の予祝をこの庭に懸けたのだろう。金閣寺庭園は単なる帝王の遊びではなく、もっと真面目な予祝装置だったように私には見える［図39］。

手がかり その二　風沢中孚？

ここで問題なのは金閣が三階建てであることだ。易の各イメージは陽気と陰気による三つの組み合わせでできている。「天」は陽気＋陽気＋陽気だ。しかし金閣が金色なのは二階と三階だけで、一階には金箔が貼られていない。金色を陽気、そうでないのを陰気だとすれば、金閣は下から陰気＋陽気＋陽気となり、それは易の「風」となる。金閣が「風」だとすれば「沢」の上に「風」があるのだから「風沢中孚《ふうたくちゅうふ》」となる。

中孚　豚と魚である。吉。大河を渡るによい。占問したことには利がある（出典3）。

「孚」は育む、真心、誠実を表す漢字だ。それが「中」に備わるというのが中孚の意味となる。悪い易ではないが予祝としては分かりにくい。予祝は前祝いを人々に見せるための形式だから分かりやすくなければ意味がない。

手がかり その三　鏡の湖

金閣の前に広がる池は鏡湖池《きょうこち》という。そうした池なり湖が実際にどこかにあるのかもしれないが、金閣との関係を考えれば池の機能は明らかだ。それは、金閣が映り込むとい

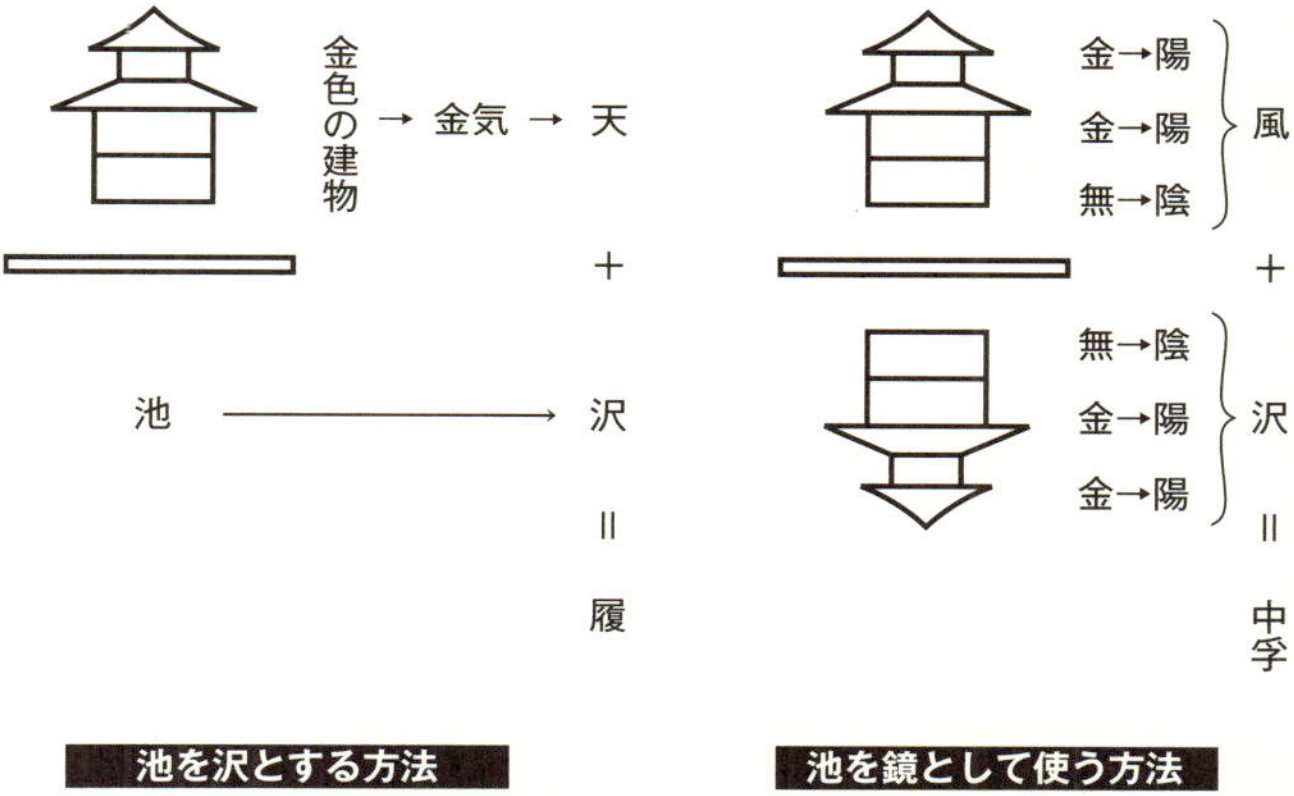

図40　天沢履と鏡の作用と風沢中孚

う鏡の作用だ。

映り込んだ状態で眺めれば、三階建ての金閣が上下に反転して揃う。易は二つのイメージの組み合わせだから、ここでも易は成り立つ。上が「風」なら反転した下の易は「沢」となる。鏡の機能を使っても「風沢中孚」の易は変わらない。変わらないからこそ、これが正解だといえなくもないが、どうも納得がいかない。日本国王になる人物が全力をあげて庭に懸ける予祝として「中孚」はふさわしいだろうか［図40］。

手がかり その四　どこまでが金色だったか

金閣は戦後焼失するまで三階だけが金色だった。復元する際の調査で二階も金色だったことが分かり、現在の姿となった。これには

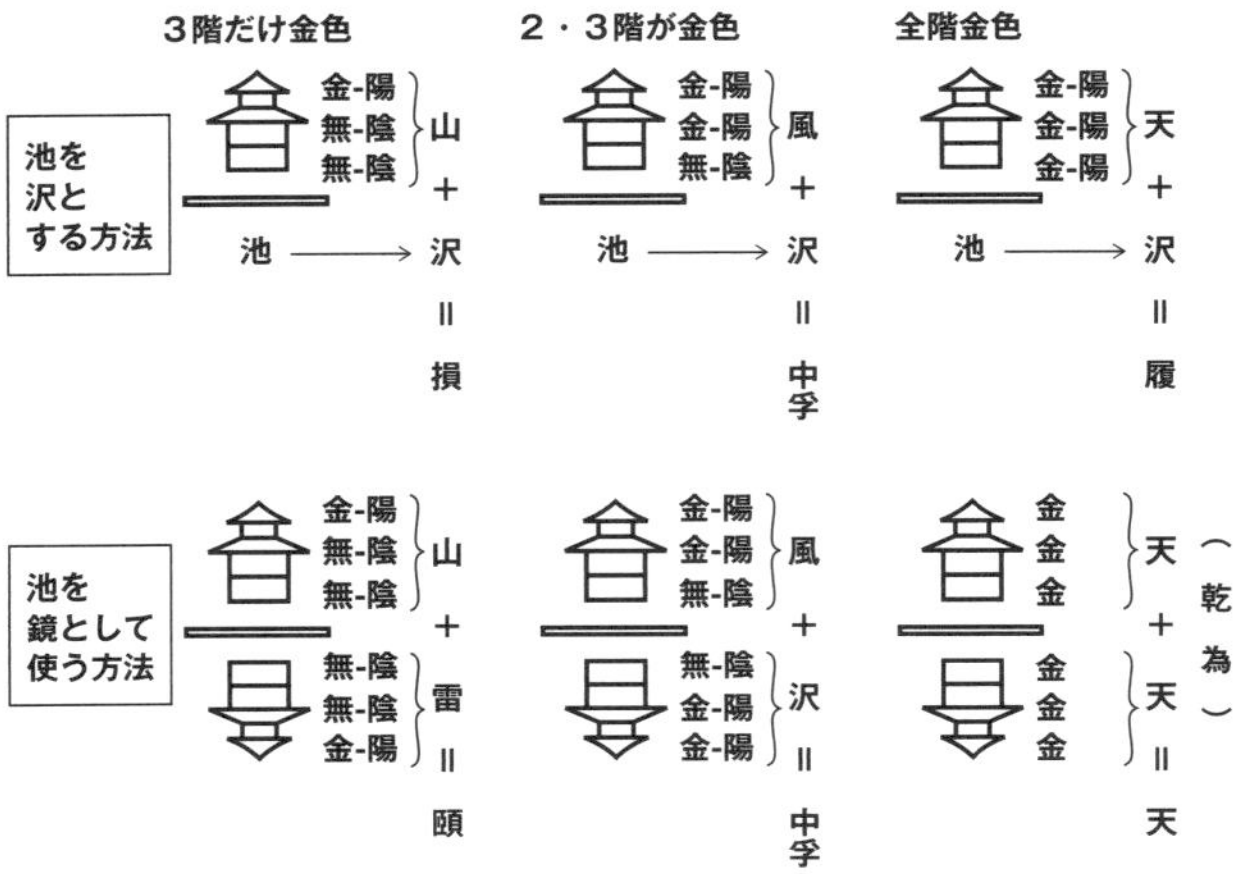

図41　金閣寺復元比較（山沢損、山雷頤、風沢中孚、風沢中孚、天沢履、乾為天）

いまでも異論があるようで、実際に建設当時どこまでが金色だったのか判然としない。ならば三種類の易を比較してどれがもっとも予祝としてふさわしいかを確かめればはっきりするのではないか。池を「沢」として固定する方法と、鏡の作用で上下のイメージが反転する方法の二通りを検討してみよう［図41］。

三階だけ金色の場合

「損《そん》」は失うものもあるけれど結果オーライという易だ。「頤《い》」はアゴのことで、養うという意味だ。どちらも悪い易ではないが、これでは何の予祝か分からない。

二・三階だけ金色の場合

どちらで読んでも同じ易になるのがおもしろいが、誠実という言葉に果たして特段の意味があるのかどうか分からない。

全階金色の場合

天沢履は日本国の安全と安寧を願うのにふさわしい易だ。乾為天は天天天と同じことで、上も下もイメージが天だから易の結果も天だというもの。最大の陽気であり、隋の大興城の設計に使われた易である。

〈推論〉金閣は三層とも金色がふさわしい

易の検討からすると、全階が金色なのがもっともふさわしい。「天沢履」は聖徳太子も新国家の建設と安泰のために用いた易である。また、最大の陽気である「乾為天」は、隋帝国の都・大興城（後の唐の長安）の設計にも使われた易だった。義満は新しい国家を打ち立てるにあたって、政庁の中心部にあるこの庭に「天沢履」の易を用いて新国家の光り輝く未来を予祝したと推定できる。

02 銀閣寺庭園の謎その一　銀閣寺はなぜこの場所にあるのか

〈現状〉　謎多き庭園

銀閣寺庭園は、室町幕府の八代将軍足利義政が一四八三年に造営した東山山荘が始まりだ。その後荒廃し、造営当時の建物は銀閣と東求堂《とうぐどう》のみが残る。江戸時代に復興したが、池は造営当時から縮小されているらしい。有名な砂の造形、向月台《こうげつだい》と銀沙灘《ぎんしゃだん》は江戸時代に考案されたものといわれるが、いつ誰によって何のために作られたのかは不明である。

いろいろと謎多き庭で興味深い。まずは、なぜ銀閣寺がこの場所にあるのか。そのことから考えてみたい［図42］［図43］。

手がかり その一　浄土寺跡

ここには浄土寺という寺院があった。義政の実弟・義視《よしみ》が出家していた寺である。義視が還俗《げんぞく》して将軍職後継に指名されたのちに義政の実子・義尚《よしひさ》が生まれたことから、幕政は混乱し、それが応仁の乱の遠因となった。浄土寺は応仁の乱で焼失する。乱後、その跡地に東山山荘は営まれた。

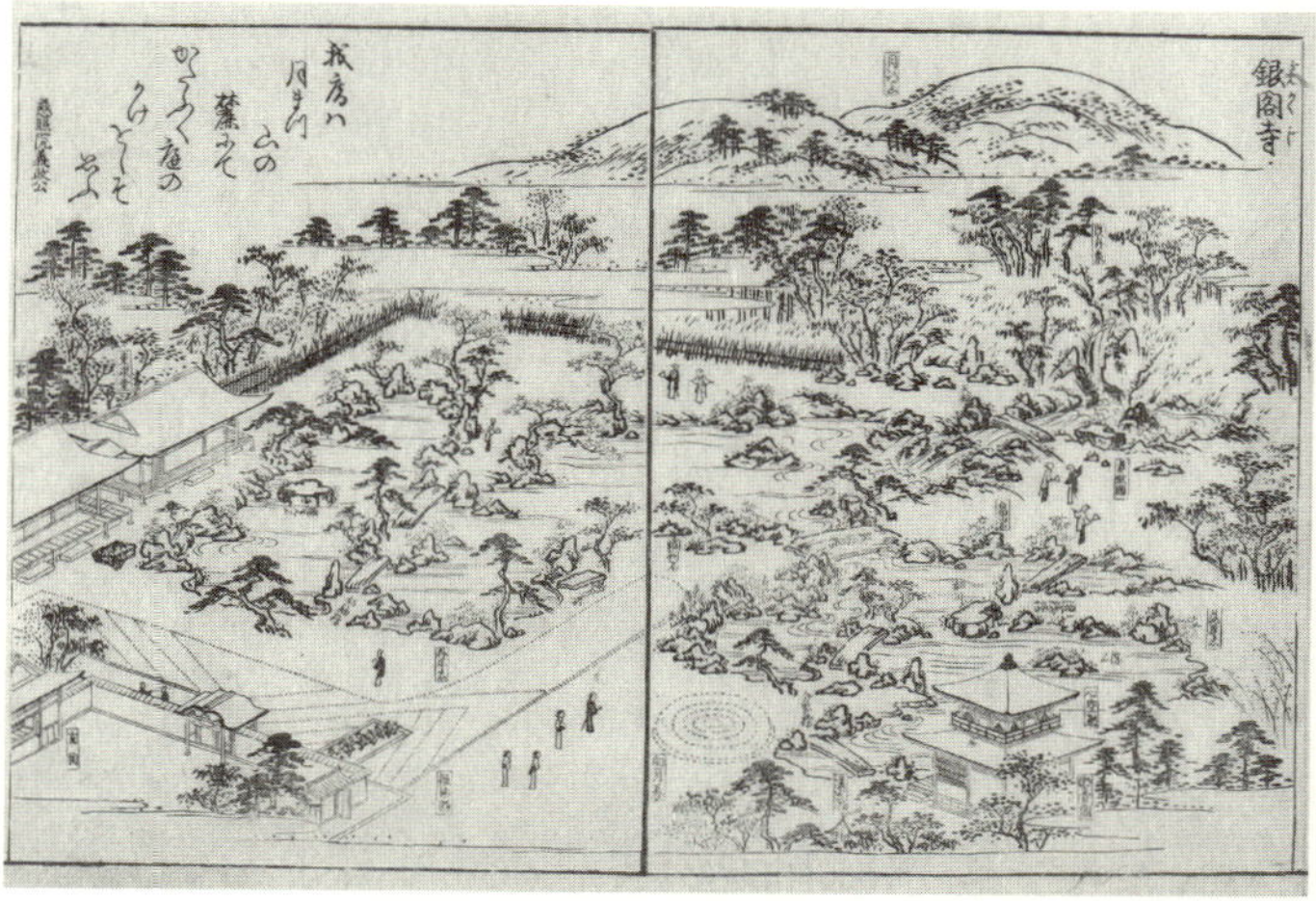

図 42　都名所図会「銀閣寺」(国際日本文化研究センター所蔵)。右下に銀閣、左端に方丈と東求堂が見える。銀閣の左にある向月台は渦巻き状で現在と形が違う

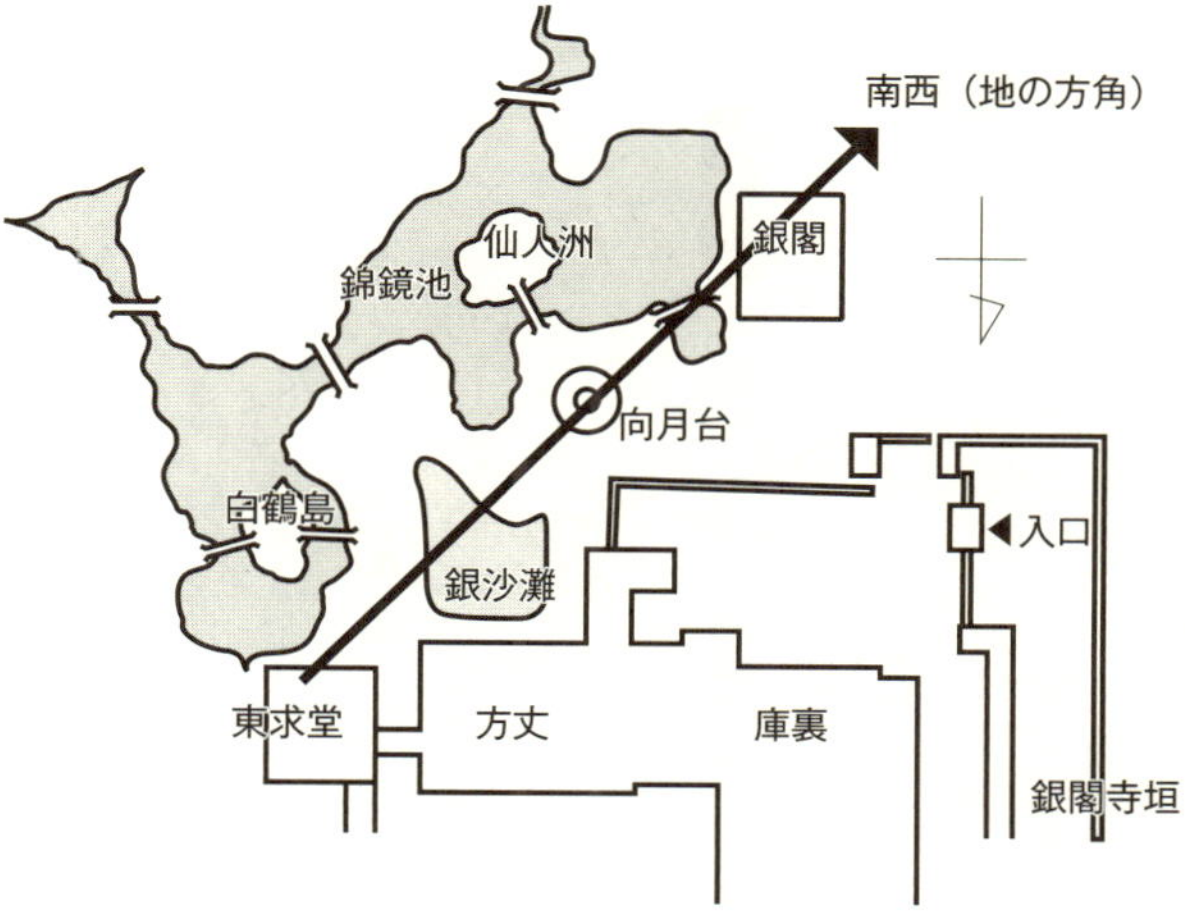

図 43　銀閣寺庭園

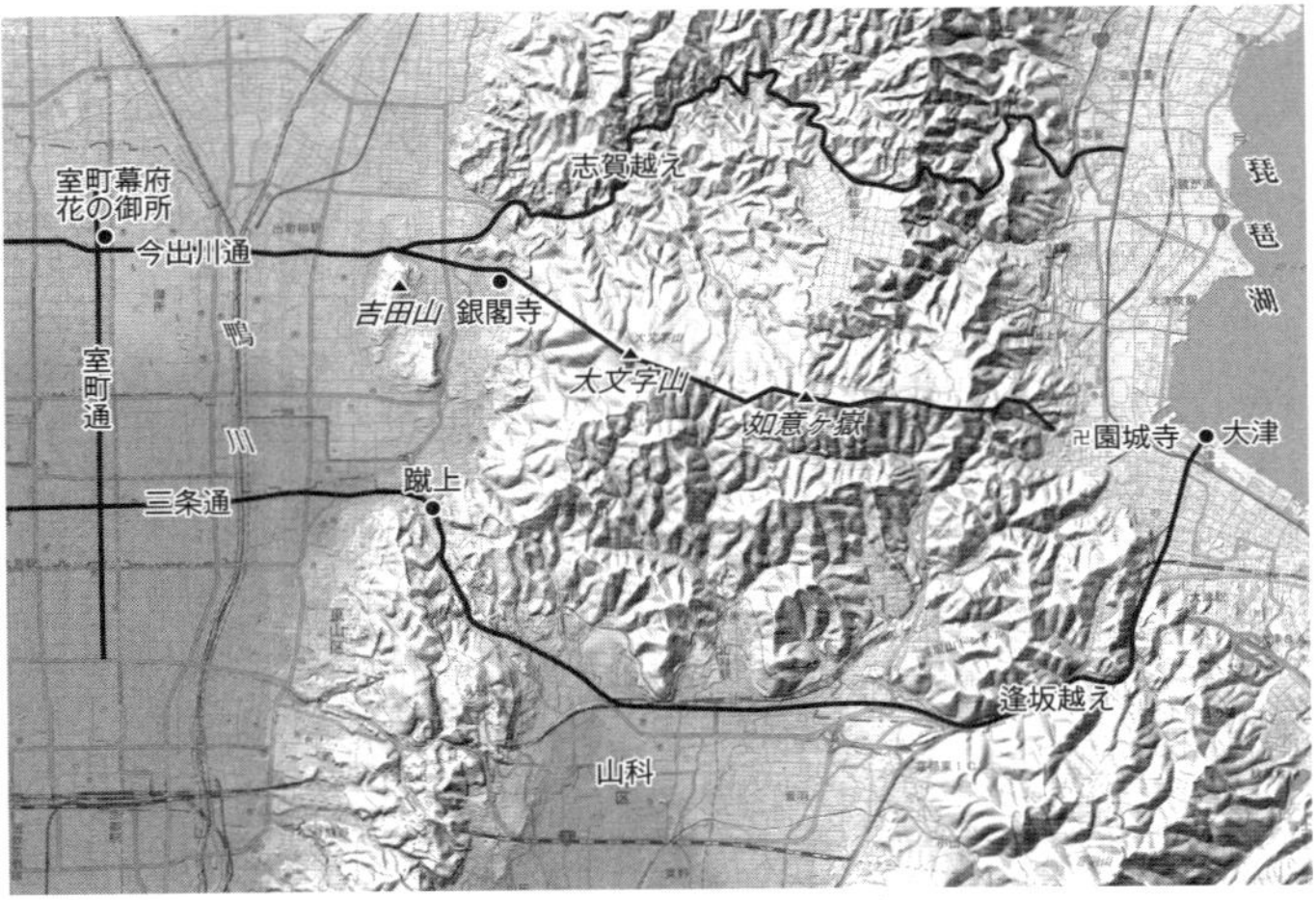

図44　京都からの脱出経路

手がかり その二　如意ヶ嶽の登り口

銀閣寺から大文字山、如意《にょい》ヶ嶽《たけ》を越えて大津市内の園城寺《おんじょうじ》へ抜ける尾根道がある。如意ヶ嶽には、平安時代に創建された園城寺別院の如意寺があった。如意輪寺とも呼ばれるので如意輪観音を祀っていたのだろう。南北朝の動乱で焼失したというが、詳細は不明だ［図44］。

手がかり その三　中尾城、如意ヶ嶽城

その後、室町時代を通してこの山越えの尾根筋にはいくつもの山城が築かれた。中尾城や如意ヶ嶽城の名が文献に登場するが、実態は不明だ。一五〇九年に如意ヶ嶽の戦いがあり、この尾根筋が戦場になったともいう。

一五五〇年、室町幕府最後の将軍十五代義

昭と三好長慶《みよしながよし》との交戦によって銀閣寺は炎上し、銀閣と東求堂のみを残して灰燼《かいじん》に帰すのであった。

〈推論〉もっとも有利な脱出経路

京都は守備の難しい地勢だ。南北朝の動乱から戦国時代を通して、将軍は何度も京都を追われた。その脱出経路はいくつかあるが、この如意ヶ嶽越えの尾根筋は、花の御所からもっとも早く琵琶湖へ抜けることのできる逃走経路だった。この尾根筋に山城が点在し往々にして戦闘が行われたのは、この道が戦術上もしくは戦略上重要な意味を持っていたからにほかならない。

浄土寺に実弟を住まわせたのも、そこを非常時の待避所として使おうとしてのことだろう。応仁の乱後に義政が居所の造営地として浄土寺跡を選んだのも、京都からの脱出経路を確保しておきたかったからだと推定できる。

03

銀閣寺庭園の謎その二　向月台は月時計だった

〈現状〉　銀閣を易で読む

銀閣と呼ばれるようになったのは江戸時代に入ってからのことらしい。銀閣は当初、観音殿と呼ばれた。

銀閣は金閣によく似ているので、金閣を意識して作ったのだろうといわれてきた。金閣は「天沢履《てんたくり》」や「乾為天《けんいてん》」といった国家安寧を予祝するための呪的装置として構想されたと第一節で推定した。それでは、銀閣にはどのような予祝が懸けられているのだろうか。易による分析を本節でも試みたい。

手がかり その一　なぜ二階建てなのか

金閣と銀閣のもっとも大きな違いは階数にある。金閣が三階建てなのに対し、銀閣は二階建てだ。この違いを考えるためには一、二、三の数字の持つ陰陽論的意味を知っておかねばならない。

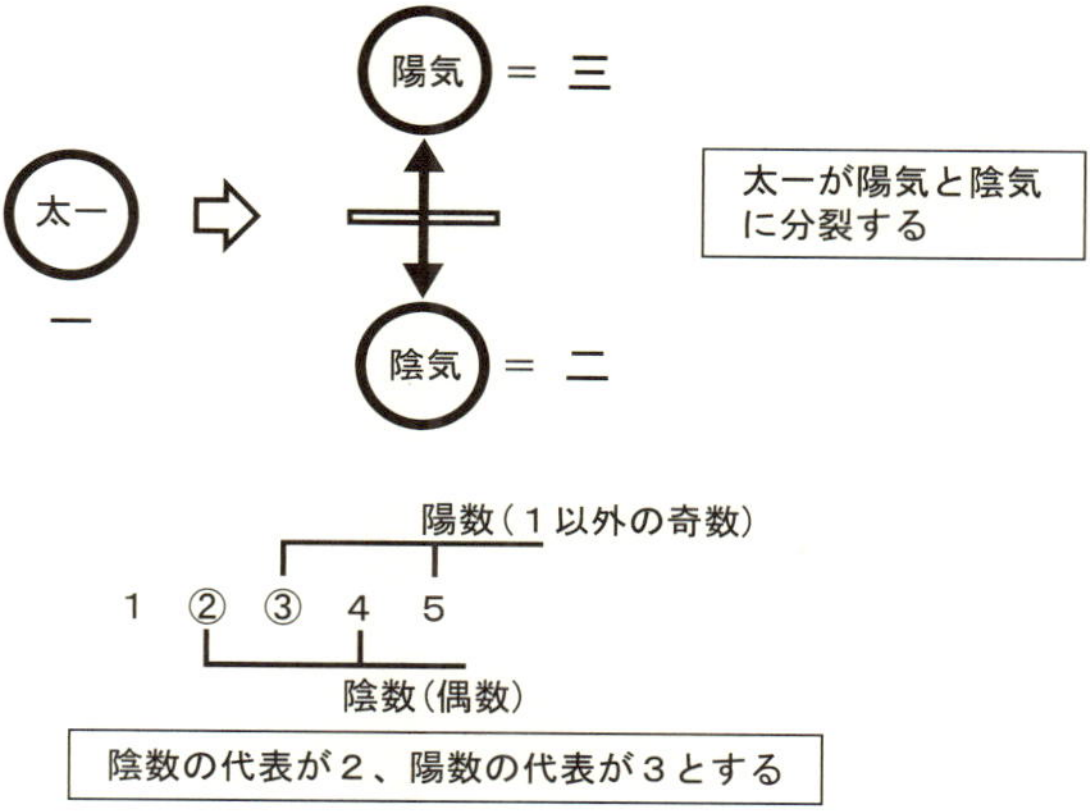

図45　一、二、三の意味

一、二、三の意味

一はまだ世界が陰陽に分かれていない状態を象徴する数字だ。太一ともいう。太一とは偉大なる一という意味だ。宇宙がビックバンを起こす前の混沌としたエネルギーの塊りのようなイメージだろう。それがあるとき陰陽の二気に分かれる。陰気を二、陽気を三で象徴する。これは偶数が陰数で奇数が陽数だから、最初の二と三をそれぞれ陰陽にあてはめたわけだ［図45］。

二と三の違いは陰陽の違いを示している。金閣が三階建てなのは三が陽数であるからだろう。一方、銀閣が二階建てなのは二が陰数だからだ。つまり金閣寺庭園は陽気の庭で、銀閣寺庭園は陰気の庭というわけだ。もちろん金閣寺庭園が最初から陽気の庭だったわけではない。対比する銀閣を作った時点で、金閣も陽気に読み替えられたのだ。

手がかり その二 鏡の池

銀閣にも錦鏡池《きんきょうち》という鏡の池がある。この名前が当初からのものであれば、義政は金閣寺庭園と同じく易の予祝を懸けた可能性が高い。もし名前が後代のものであっても、その時点で庭園の改修者は銀閣を易で読めるようにしたはずだ。そうでなければ鏡である意味がない。

しかしながら、易は三つの気が揃わねば成立しない。三階建ての金閣なら易として読めるのだが、二階建てでは無理だ。では、銀閣はせっかく鏡の作用を用意しながらも易で読めないのかといえば、そうでもない。銀閣には三つめの気が定期的に付け加わるのである。

それが月だ。

手がかり その三 向月台《こうげつだい》

月について考え始めたきっかけは向月台だった。このプリンのような形の不思議な山は何なのか。

結論からいえば、これは日時計ならぬ月時計だろう。現在の東求堂で月見をするとしよう。仲秋の名月が南面する真夜中に向月台はその四分の一ほどが月明りに照らされている。月が動くにつれて陰の部分が増えていく。夜半過ぎ、月が南西に傾いた時点で向月台はほぼ陰となり、わずかに頂部だけが月光を反射させるだろう。向月台はこの瞬間を教えるための時計だ。

この時、月のかかる南西は後天図の「地」に当たる。「地」に月が浮かべばどうなるのか。月は太陰だ。日が太陽ということに対応している。太陰は最大の陰気だから易の「地」に該当する。つまり「地」の方角に「地」が浮かぶのだ。「地」が二つ重なった易は「坤《こん》為《い》地《ち》」である。

坤 万事順調。とくに牝馬《ひんば》にかかわる占問《せんもん》にはよいことがある。君子は外出する用事ができ、はじめ道に迷うがのちに主人を得る。西南の方角ではお金が手に入るが、東方の方角ではお金を失う。安否の占問は吉（出典3）。

東求堂と向月台と銀閣とはほぼ一直線に並んでいる。向月台が陰に沈んだとき、その先に銀閣のシルエットが黒々とそびえるのが見えるはずだ。「坤為地」の易が銀閣の姿と重なるのである。向月台は銀閣のテーマが「坤為地」であることを教えようとしているように見える［図46］。

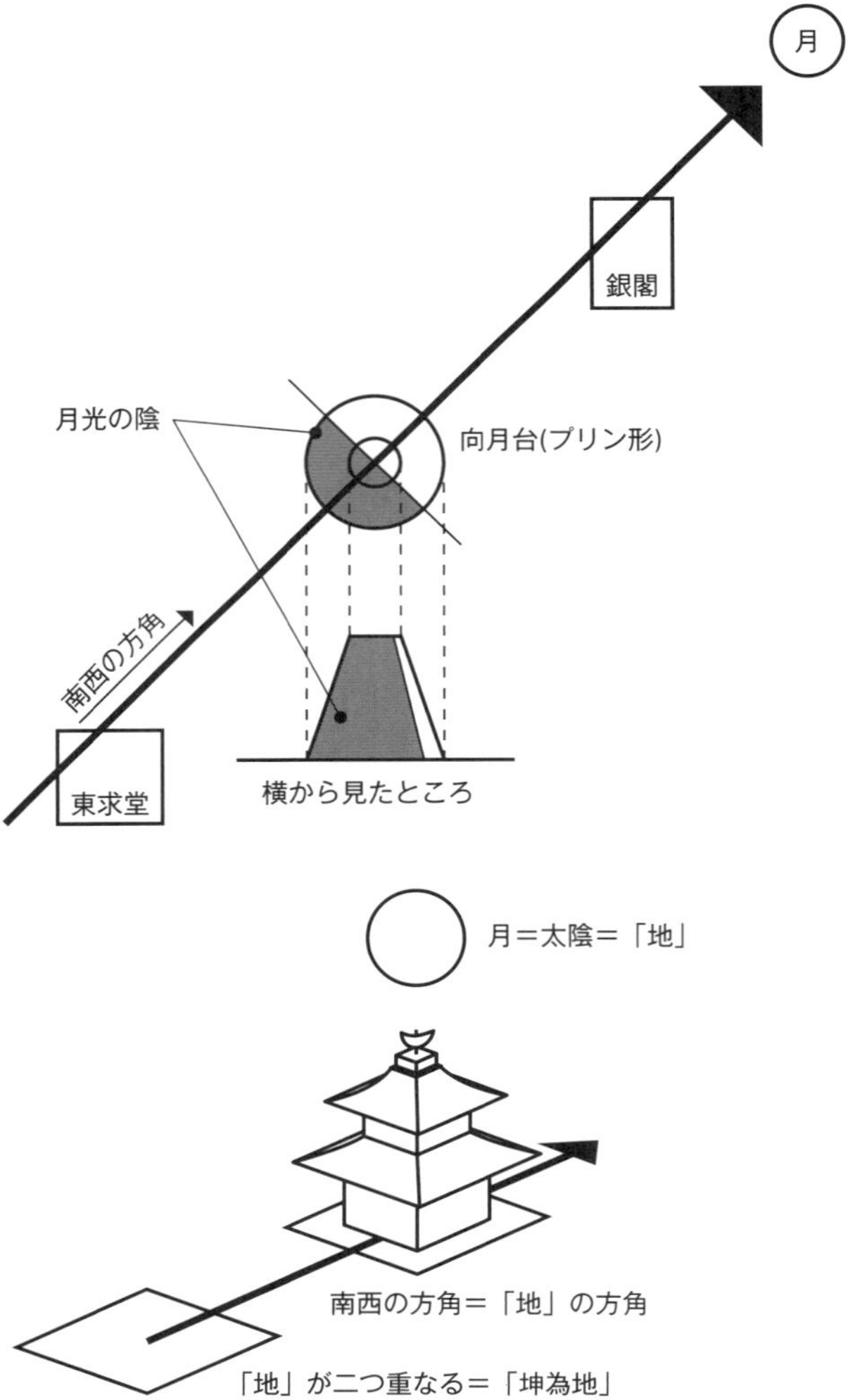

月
銀閣
月光の陰
向月台(プリン形)
南西の方角
東求堂
横から見たところ
月＝太陰＝「地」
南西の方角＝「地」の方角
「地」が二つ重なる＝「坤為地」

図 46　向月台と坤為地

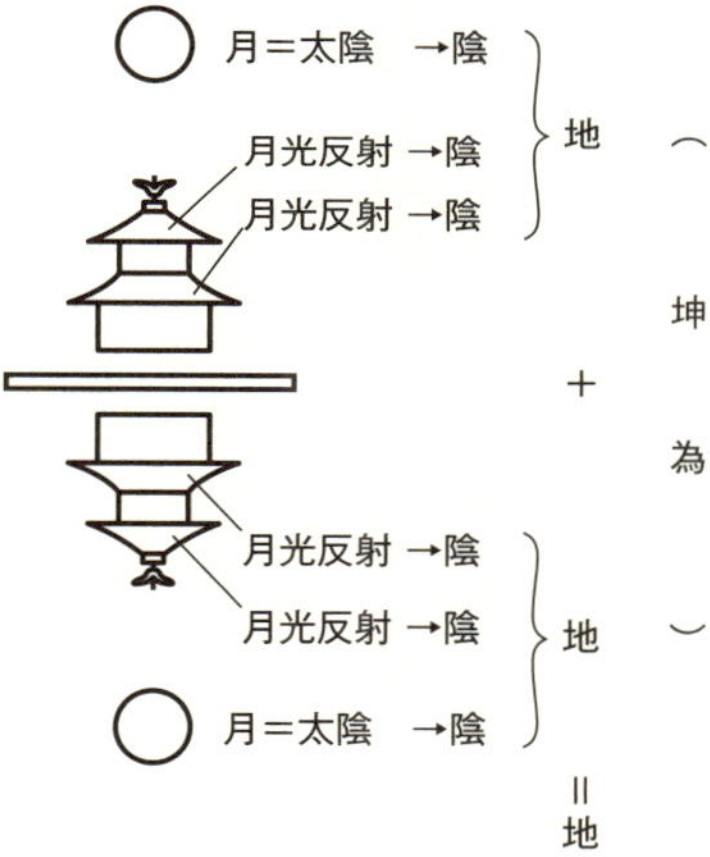

図 47　銀閣の坤為地

〈推論〉銀閣の上に月が巡ると現れる予祝

銀閣の三層目は月である。月光に照らされた銀閣は銀色に光るのだろう。月光を反射する二階建ての建物は月光が二つ重なったようなものだ。月光が陰気であるならばここに陰気が二つ揃う。その上に最大の陰気である月が浮かぶ。こうして陰気は三つ重なり銀閣は「地」となるのだ。その姿が池面に映し出されて「地」は二つに増え「坤為地」の易が成立する。銀閣は「坤為地」の予祝を完成させるために建設されたと推定できる［図47］。

04 銀閣寺庭園の謎その三　京都盆地に懸けた壮大な予祝

〈現状〉　金銀揃うと何が起こるか

銀閣と名付けた者は、この建物が金閣と対になっていることを知っていたのだろう。向月台を作った者もそれを知っていたわけだ。では、金閣と銀閣がセットになるとどんな良いことがあるのだろう。易を使って考えてみたい。［図48］

手がかり　その一　陰陽の配置が逆になるとどうなるか

金閣と銀閣はセットだといっても、配置が逆になっている。西に金閣、東に銀閣だ。一方、西は陰気、東は陽気だ。最大の陽気である金閣が陰気の領域に、最大の陰気である銀閣が陽気の領域にある。これはいったいどういうことか。実は、陰陽の逆配置はむしろよいことなのだ。それを次に説明しよう。

手がかり　その二　陰陽の逆配置の事例

二条城唐門の欄間には見事な龍虎の彫り物がある。陰気である西に陽気の龍が、陽気で

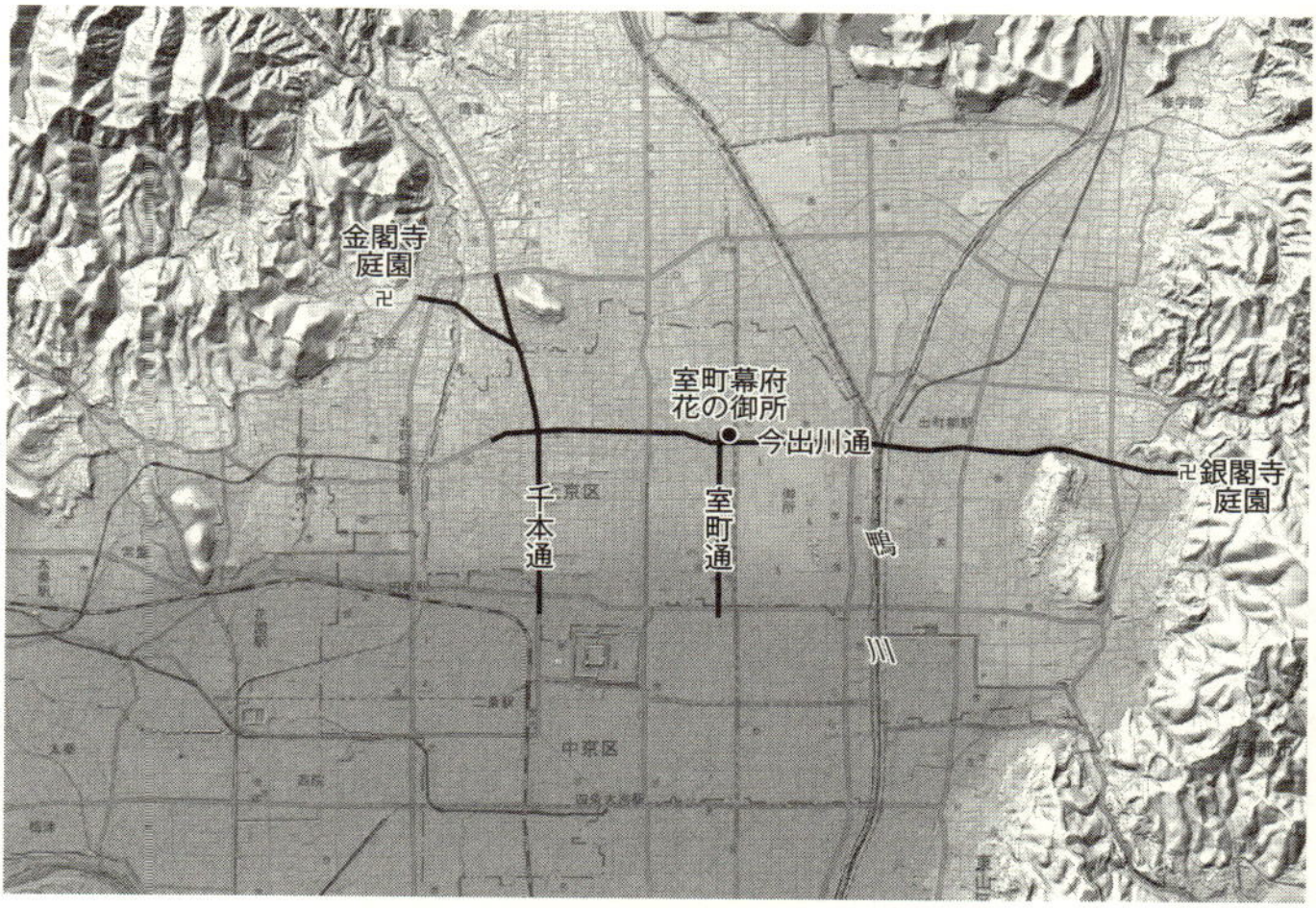

図48　京都盆地の金閣と銀閣の位置

ある東に陰気の虎がいる。配置が陰陽逆になっている。この場合どうなるか。西側の龍は本来の居場所である東へ戻ろうとし、同様に東の虎は西へ戻ろうとする。この二つは戻る途中で出会い交じり合う。陰陽論は、陰陽の二つの気が二つ巴のようにぐるぐる回転しながら交じり合うことで、世界は変化し生き続けると考える。だから、陰陽の配置が逆のほうがよく交じり合って良いといえるのだ［図49］。

手がかり その三　京都盆地全体が庭になる

金閣が「天」で銀閣が「地」だ。「天」と「地」の二つのイメージが揃えば、そこに易が成立する。問題はどちらから先に読むかだ。東西に易のイメージを並べた場合は、東から先に読むのが通例となっている。つまり、陽気側から先に読むわけだ。ならばここに成り立つ易は「地天泰《ちてんたい》」である［図50］。

泰　小さなものが去り、大きなものがやって来る。吉にして順調（出典3）。

〈推論〉京都盆地に懸けた「地天泰」の予祝

銀閣は月光の力を借りて、「地」を時間限定で出現させる予祝装置だった。銀閣寺庭園が「地」を表すことで、「天」の庭園である既存の金閣寺庭園と響き合って京都盆地に「地天泰」の予祝を呼び起こす。これは京都盆地全体を一つの庭に見立てた壮大な作庭である。

「地天泰」は陰陽がよく交じり合って万事が順調安泰であるという意味だ。「地天泰」が言祝ぐのは、金閣銀閣に挟まれた京都盆地全体であると同時に室町幕府そのものだろう。義政が銀閣寺庭園で実現させたかったのは、幕政が天地の泰平をもたらしますようにという予祝だったと推定できる。

銀閣は一四八九年に着工したが、その翌年、義政は建物の完成を見ずに世を去った。「地天泰」の予祝とは裏腹に、世は戦国の乱世へと転がり落ちていくのであった。

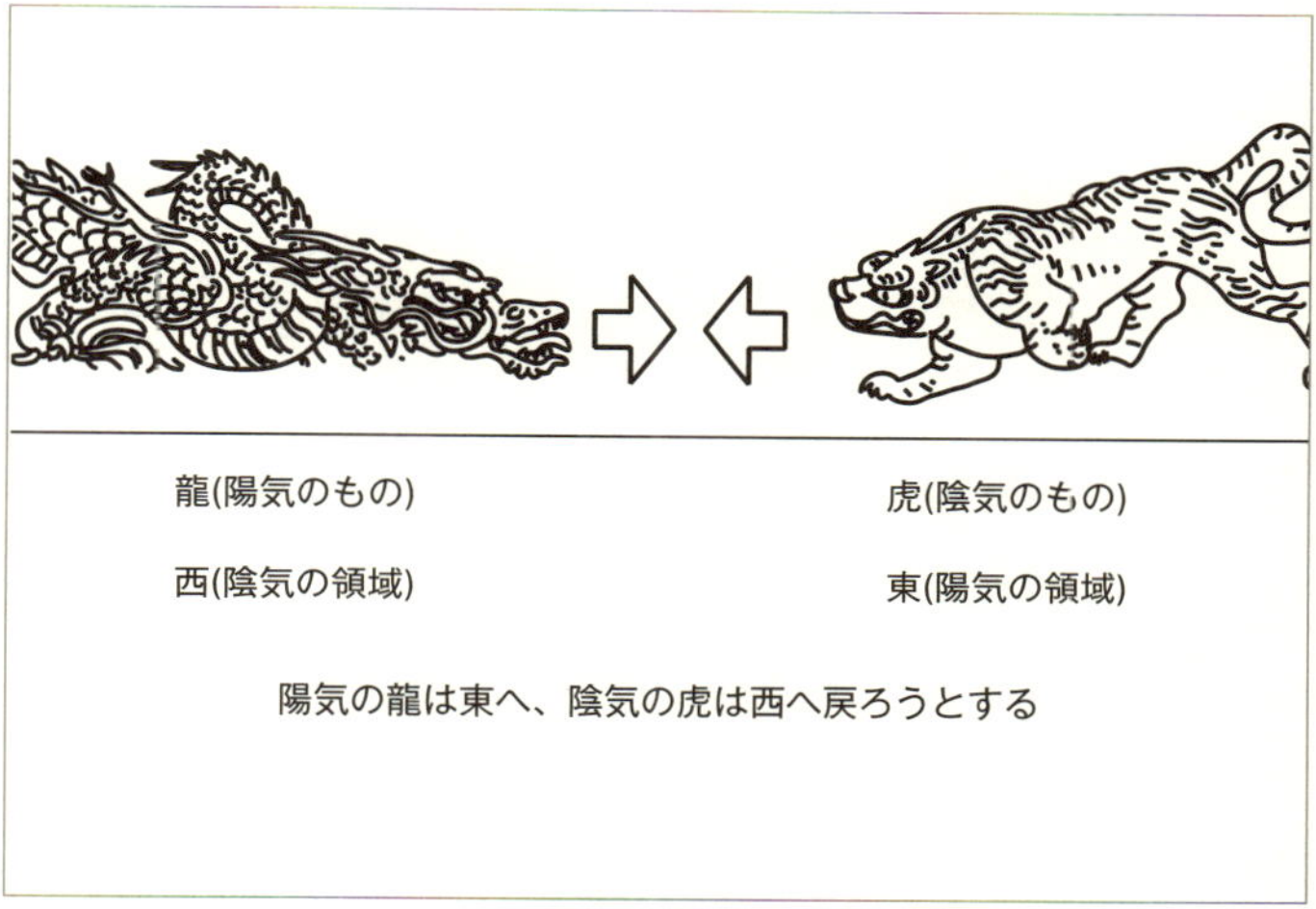

図 49　陰陽の逆配置、龍虎

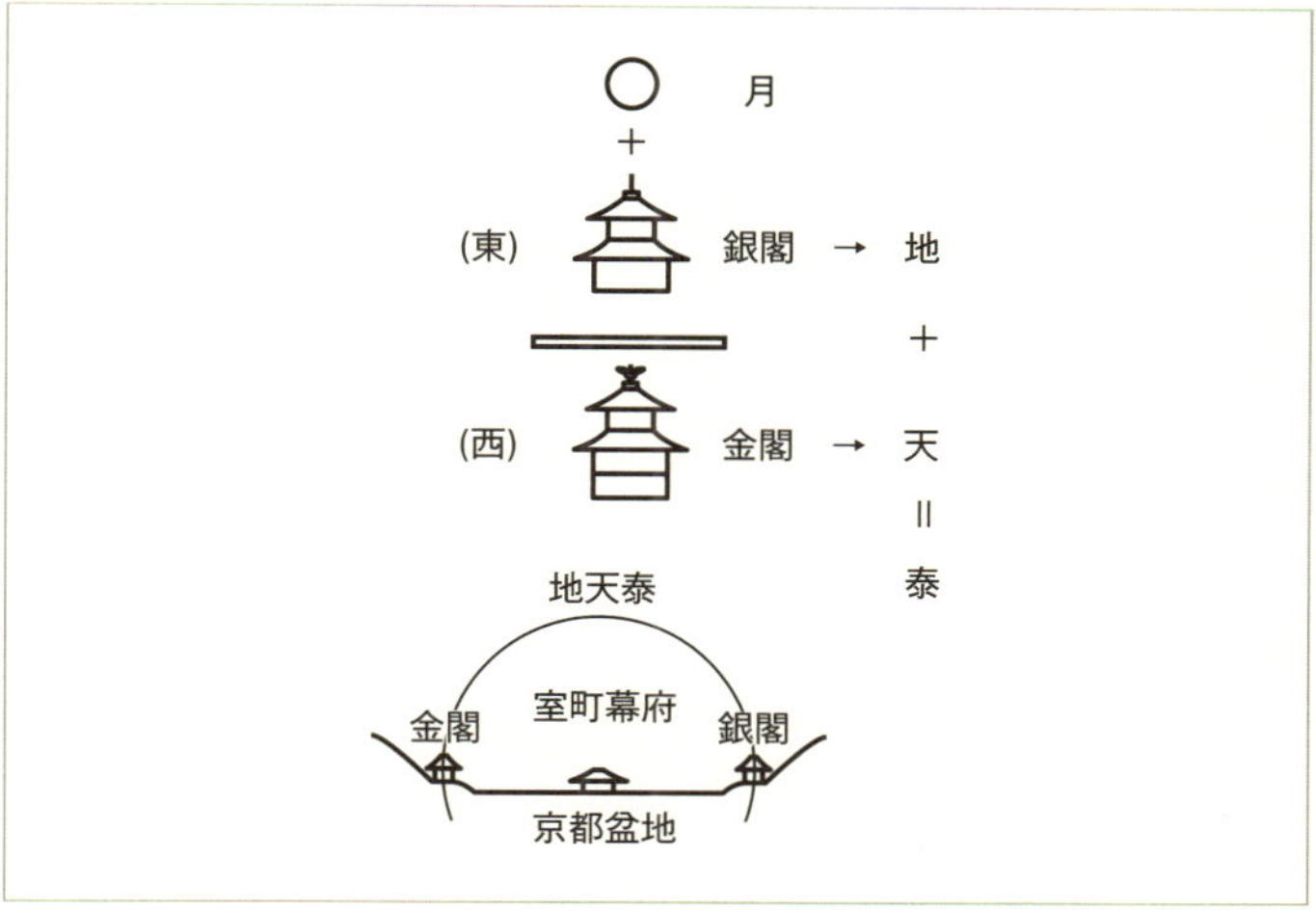

図 50　京都盆地の地天泰

05

二条城二の丸庭園の謎その二　龍穴としての二の丸庭園

〈現状〉神泉苑のあった場所

作庭とは「龍穴」を調整する手法の一つだと私は考えている。庭の古い形式は、池のなかに蓬萊島《ほうらいじま》を築くものだ。蓬萊島は不老不死の仙人が棲む神仙郷である。龍穴は気の出入りする場所なので、不老不死も夢ではないというわけだ。そうした場所は太古の昔から聖地として祀られている場所が多い。二条城にある二の丸庭園もまたそうした聖地の一つで、神泉苑と呼ばれていた。二の丸庭園を易で考えるにあたって、まず神泉苑との関わりを確かめておこう［図51］［写真13］。

手がかり その一　龍穴と作庭

龍穴は放置すれば詰まってしまうと考えられていたのだろう。そこで龍穴を調整する手法が編み出された。それが作庭術だった。庭を造ることで龍穴を整備調整し、大地の気の流れをよくするのである［写真14］。

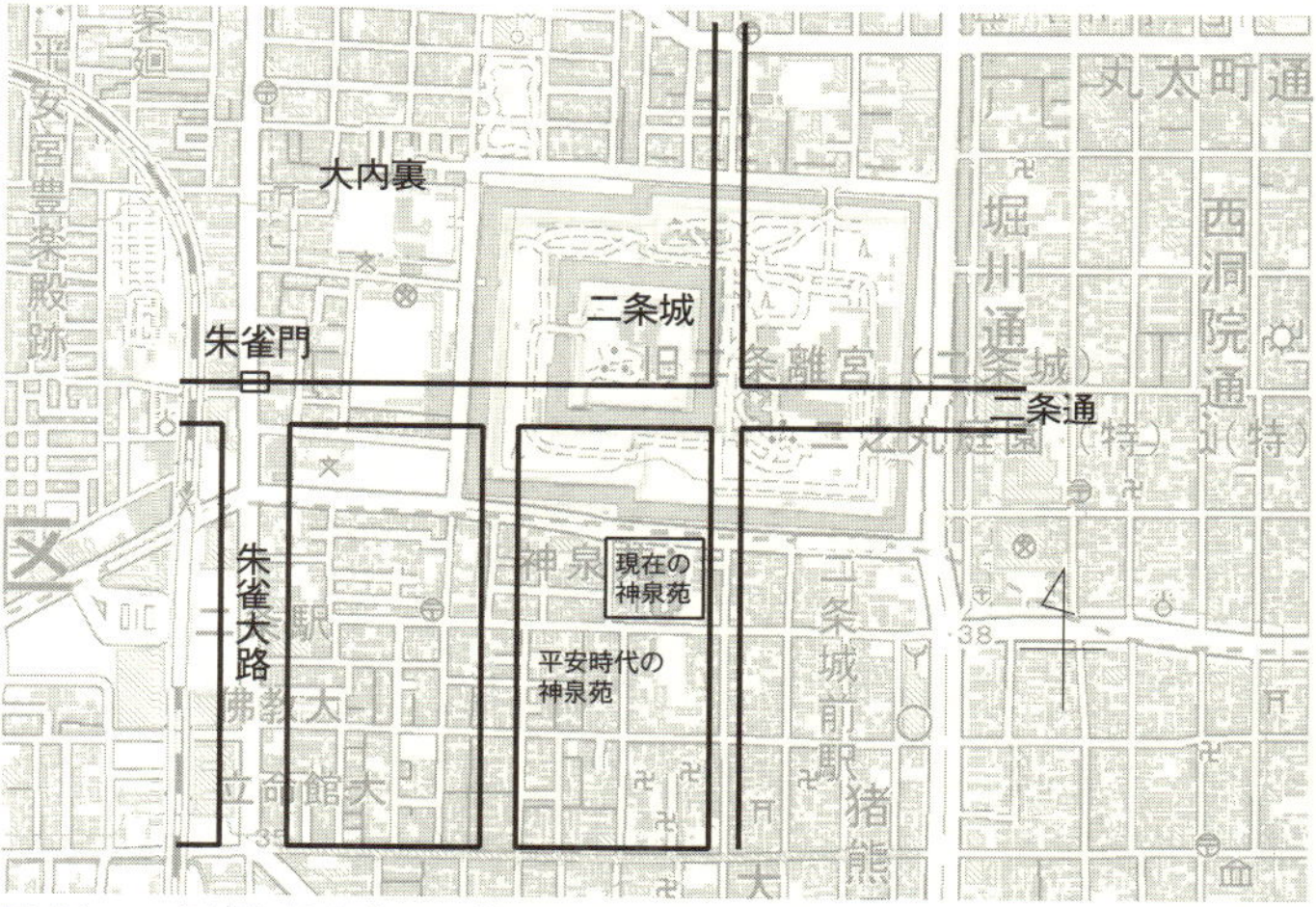

図 51　二条城と神泉苑の現状（立命館大学アート・リサーチセンター「平安京オーバレイマップ」上の、京都市平安京創生館「平安京跡イメージマップ」をもとに作成）

写真 13　二条城二の丸庭園（建物が黒書院）

龍穴についての前知識

龍穴とは何か。これは人体のツボと同じようなものだ。人体はツボを通して気を出し入れしている。これが活発であれば元気になるし、詰まると病気になる。気が出入りすることで人体は生かされているわけだ。

同様に、古代中国では大地も人体のように生きていると考えられた。したがって人体のツボに相当するものが大地のあちこちにあり、そこから気が出入りしていると考えた。それが龍穴だ。この場合の龍は気の流れを象徴している。龍穴では気が盛んに出入りしているので、その場所に立てば人体へも良い影響があると考えられた。

手がかり　その二

神泉苑と神仙郷

第一章で見た通り、神泉苑には龍が棲んでいる。長さ八寸といわれるので、二十五センチほどの小さな龍だ。しかしこの龍の威力はすさまじく、いったん水上に現れると日本国中に雨が降る。そんな威力を秘めた龍だった。神泉苑は龍の棲む龍穴である。

都を龍穴のそばに造るのは、大地の気の流れを受け止めて国が元気になりますようにという予祝だ。偉大な龍穴を得ることは権力者にとって至上命題だった。だから時の権力者

写真14　二条城二の丸庭園の蓬莱島

は競って龍穴を探し作庭した。神泉苑は、権力者によって何度も作庭された偉大な龍穴の一つだったのだ。

桓武帝はその泉を庭園として整備した。そのころの神泉苑の姿はよく分かっていないが、京都市による平安京復元模型では島を浮かべた大きな池となっている（出典9）。

この島は蓬莱島だろう。蓬莱島は東海に浮かぶといわれた仙人の棲家だ。不老不死の楽園、つまり神仙郷である。そのミニチュアをわざわざ造るのは、龍穴が神仙郷であると考えていたからだろう。龍穴からあふれ出す気は人を不老不死にすることもできるのだと考えられた。この泉を神泉と名付けたのも神仙にあやかってのことだったろう。

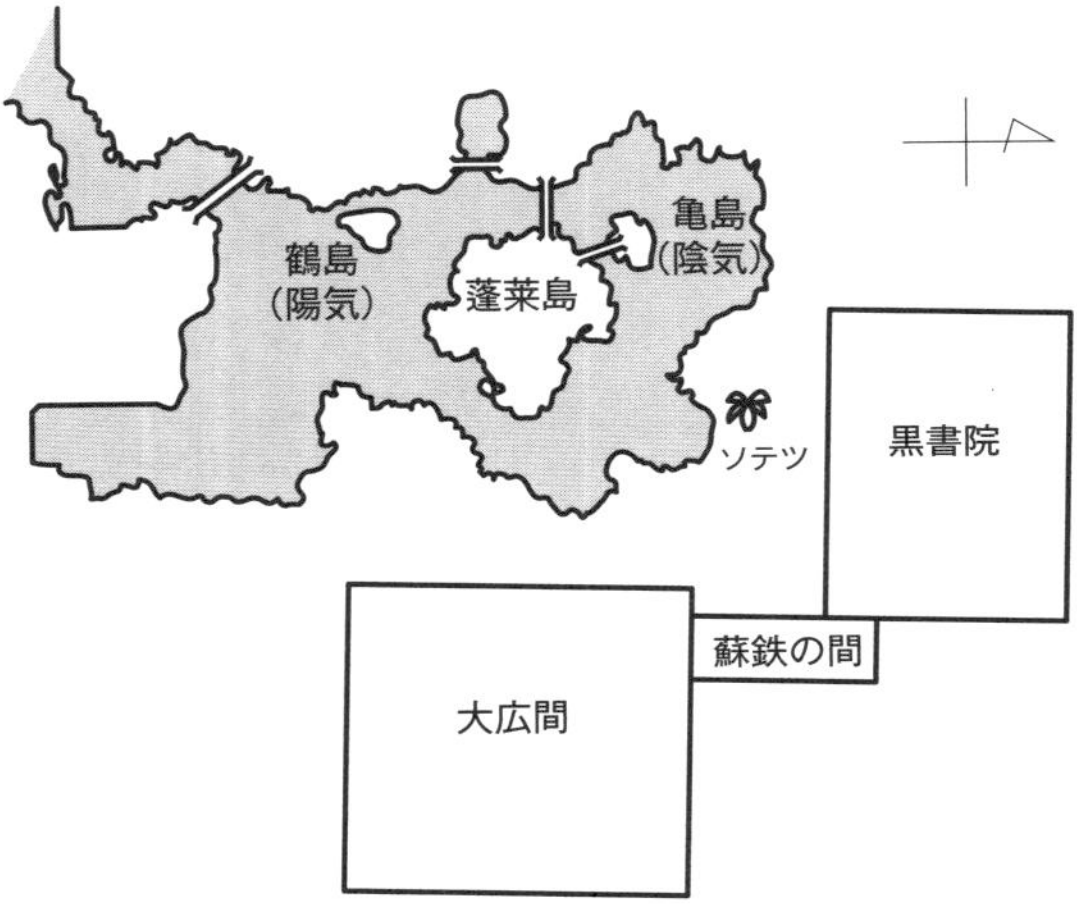

図52　二の丸庭園の鶴島と亀島

手がかり その三　鶴島と亀島の意味

家康は神泉苑を取り込んで二の丸庭園を造った。城内に庭園を造ったのではなく、庭園の上に城を建てたのだ。現在の神泉苑は元の池の南半分であり北半分は城内に取り込まれ庭園として整備されている。家康が神泉苑を手に入れたのは、そこが最大級の龍穴であることを見込んでのことだったろう。

二の丸庭園の池にも当然のごとく蓬莱島が浮かぶ。その左右に鶴島、亀島の小さな島をしたがえる。鶴亀の二島は、庭園に蓬莱島があれば必ずといっていいほど登場する。この二つの島の役割は、蓬莱島が正しく配置されているのを示すことだ［図52］。

鶴島は朱雀と同じく陽気を、亀島は玄武と同じく陰気を象徴する。この二つを配することで蓬莱島が正しい位置にあることを示すのだ。だから蓬莱島の陽気側である南や東に鶴島を、陰気側である北や西に亀島を置かねばならない。ここでは蓬莱島の南に鶴島、北に亀島が置かれており、陰陽が正しく配置されている。

正しく配置された場所は祈りのための聖地となる。だから神社前にも陰陽の狛犬を置いて、場所の正しさを示すのだ。紫宸殿の前にある左近の桜、右近の橘も同じことである。桜は陽気を、橘は陰気を象徴する呪具だ。桜を陽気である左側に、橘を陰気である右側に置くことで陰陽が正しく配置された祈りの場所であることを示すのである。

〈推論〉大事なパーティのための龍穴

家康は二条城で将軍職就任のレセプションパーティを開いた。この城は、これまで敵対してきた大名たちが一堂に会して不戦を誓うために用意されたのだ。家康が神泉苑の北半分を手に入れたのは、平安時代に内戦を終結させた桓武帝に自分をなぞらえようとしたからだろう。彼は再調整したこの最大の龍穴からあふれだす気が、これから創る新しい国家を守護するよう予祝したと推定できる。

06

二条城二の丸庭園の謎その二　二条城はなぜ二条にあるのか

〈現状〉　二条城を易で読む

将軍が就任披露パーティを二条城で開いたのは三代までだった。その後、立ち寄ることはあっても大きな集会に使われることもなく二百年ばかりが経ち、久しぶりに将軍が入城したのは十五代慶喜《よしのぶ》の長州征伐のときだった。その間に天守閣は落雷で焼け、本丸御殿は天明の大火で焼け落ちた。二の丸御殿と庭園はそれでも将軍の帰城を待ち続けたのである。

さて、二の丸庭園に家康はいったいどんな予祝を懸けたのだろうか。それを突き止めるためにはまず、二条城が二条にある意味を考えなければならない。

手がかり その一　二条通と神泉苑の関係

ここは神泉苑なのだから、城名としては神泉苑城とでも呼ぶのが適当だ。それをわざわざ二条城と称したのは「二条」という地名に特別な意味があるからだろう。二条城が二条にあるのは偶然ではないのである。

もう一度地図を見てほしい。家康は神泉苑を北へ拡張し二条通を城内に取り込んでいる。

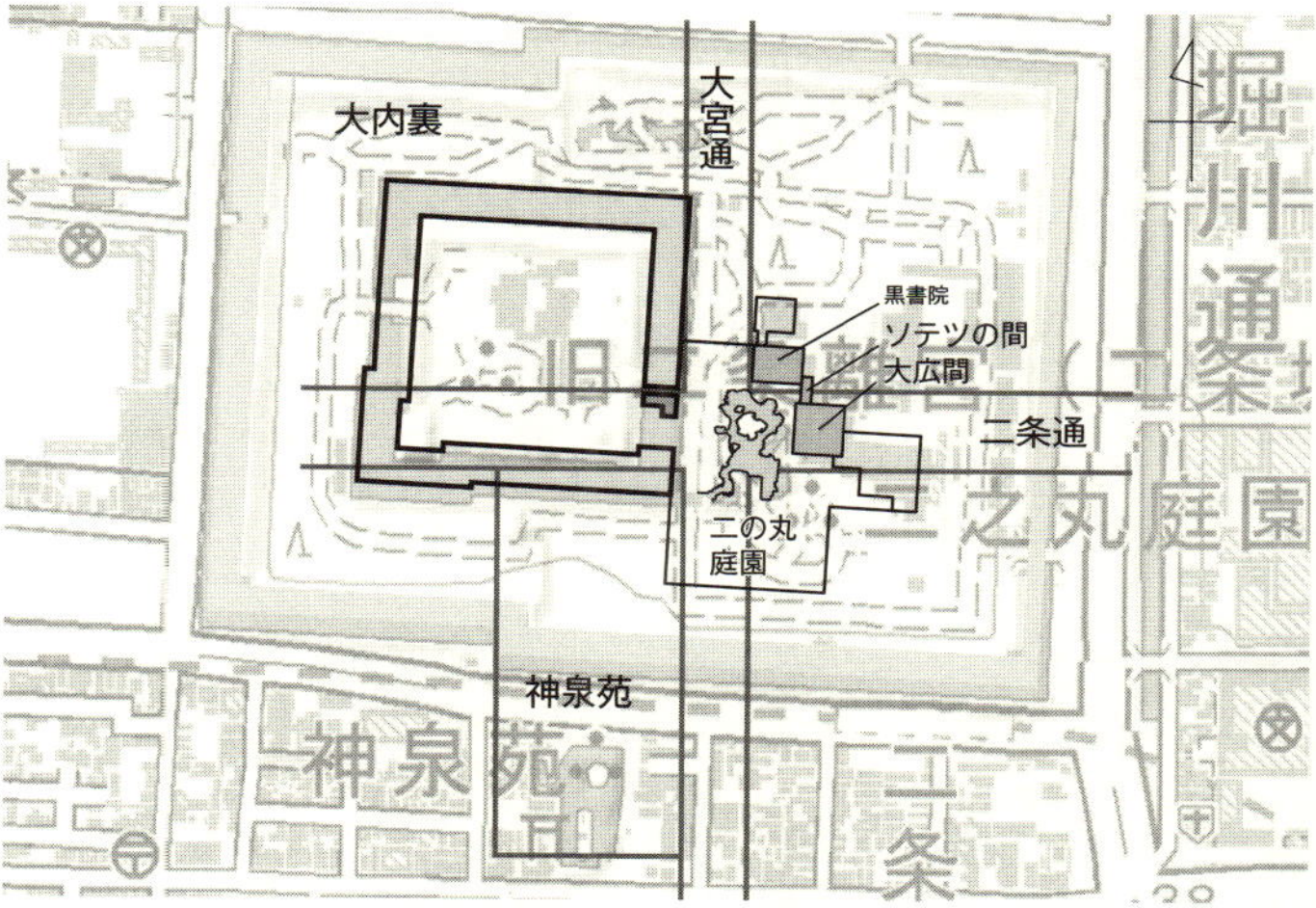

図53　二条通と二の丸庭園（立命館大学アート・リサーチセンター「平安京オーバレイマップ」上の、京都市平安京創生館「平安京跡イメージマップ」をもとに作成）

二条通の真上に城が建てられたので、通りはここで分断されてしまった。そして二の丸庭園の池は昔の二条通の真上にあるのだ。これはいったいどういうことか［図53］。

手がかり その二　二の意味

二の丸庭園は二条城二の丸にある。二が二つも重なる。この「二」という数字の意味が分かれば、なぜ家康が神泉苑を北へ拡張したのかが分かるのではないか。

これまで見てきたように「二」にはさまざまな意味がある。結論からいえば、この場合の「二」は火を指すと考えられる。

火気を示す「二」

火気に配当された数字は二と七だ。二はまだ生まれたばかりなので火気として作用しない。ここに土用の五が加わり七となって初めて土気を生んだり金気を克したりする火気の作用が発動する［図54］。

土用によって気は発動する

前章で六角堂の意味を考えたときに、池の「一」に聖徳太子の「五」が加わって六角堂の「六」になることを見た。人体は土気だが、貴人の人体は最強の土気となり土用を発動する。それは将軍でも同じことだ。つまり二条城の「二」は生数だが、ここへ将軍の「五」が入城することで「七」となり火気が発動する。入城していないあいだは生数のままなので火気は働かない。

〈推論〉二条城に懸けられた革命の予祝

神泉苑は易の八つのイメージにあてはめれば「沢」が最適だろう。第一章でも神泉苑を「沢」と見立てたいくつかの予祝について考えた。家康もまたこの龍穴を「沢」と読んで予祝に使ったに違いない。

易は二つのイメージが揃えば成立する。ならばもう一つのイメージは何か。それは二条城の「二」が象徴する「火」であろう。家康は二条通の上に二の丸庭園の池を造った。つまり「火」の上に「沢」があり易として成立するのだ。「沢火」の示す易は「革」である

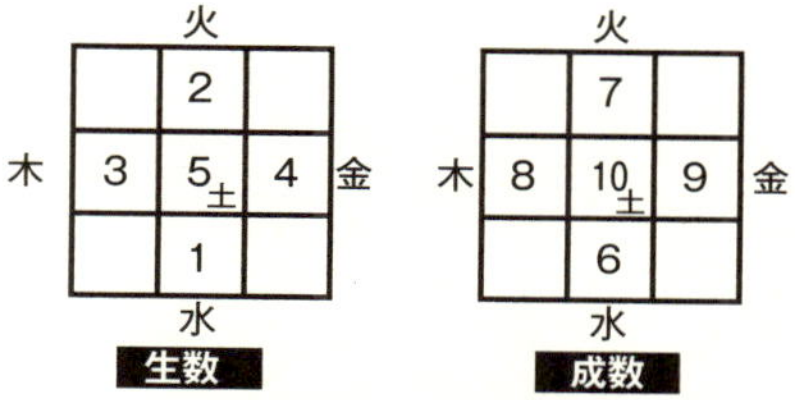

河図の生数と成数

図54　五行に配当された数字、生数と成数

	乾(天)	兌(沢)	離(火)	震(雷)	巽(風)	坎(水)	艮(山)	坤(地)
乾(天)	乾為天	沢天夬	火天大有	雷天大壮	風天小畜	水天需	山天大畜	地天泰
兌(沢)	天沢履	兌為沢	火沢睽	雷沢帰妹	風沢中孚	水沢節	山沢損	地沢臨
離(火)	天火同人	沢火革	離為火	雷火豊	風火家人	水火既済	山火賁	地火明夷
震(雷)	天雷无妄	沢雷随	火雷噬嗑	震為雷	風雷益	水雷屯	山雷頤	地雷復
巽(風)	天風姤	沢風大過	火風鼎	雷風恒	巽為風	水風井	山風蠱	地風升
坎(水)	天水訟	沢水困	火水未済	雷水解	風水渙	坎為水	山水蒙	地水師
艮(山)	天山遯	沢山咸	火山旅	雷山小過	風山漸	水山蹇	艮為山	地山謙
坤(地)	天地否	沢地萃	火地晋	雷地豫	風地観	水地比	山地剥	坤為地

図55　易一覧

［図55］。

革　お祀りの日には捕虜を犠牲に捧げる。万事順調にゆき、占問したことには利がある。難儀なことが消滅する（出典3）。

革は革命の革で、世の中が劇的に革《あらた》まるという意味だ。長かった内戦を終わらせ平和な世界をもたらすという不戦の誓いにふさわしい易だ。家康はこの易を予祝として使うために神泉苑を手に入れ、それを二条通の上にまで拡張させたと推定できる。

「二」は将軍が入城すると本来の火気として作用し始める。すなわち将軍就任を祝うレセプションのときに二条城は「火」として完成し、「沢火革《たくかかく》」の予祝が現れる仕掛けなのだ。

二条城の使用が三代で終わったのは、いつまでも革命状態では困るからだろう。三代で政権の基礎を固めた江戸幕府は、そののち将軍が入城することを避けた。そして二条城は恒久平和のモニュメントとして保存され続けたのである。

二百年後に慶喜が入城したとき、この庭園はふたたび「沢火革」を発動したように見える。そのとき時代は大きく動き、ついに江戸幕府は滅んだ。いかにも「革」にふさわしい劇的な展開ではないか。家康の予祝を十五代将軍がどこまで知っていたかは定かではない。

07 二条城二の丸庭園の謎その三　二の丸庭園は観能パーティの会場となる

〈現状〉 作庭のコンセプト「沢火革」

二の丸庭園のテーマが「沢火革《たくかかく》」であることを前節で見た。沢は神泉苑の池を、火には二条通を使った予祝だ。それでは庭園そのものはどんな形でもよかったのか。そうではなく、やはり庭園にも「沢火革」の予祝は懸けられているのである。

手がかり その一　なぜ二の丸御殿はL型なのか

二の丸御殿は庭園のまわりにL型に配置されている。一番奥が黒書院という家康の御座所だ。その手前に蘇鉄の間と大広間が続く。

この三つの座敷の床は地面から一・二メートルほどの高さがある。座敷としては高いほうだ。この高さが庭を見るのにちょうどよいといわれている。池の水面が深いので、上から覗き込まないと池の形がよく分からないのだ。

さて、このL字形の書院配置は能舞台の桟敷席とよく似ている。庭園は能と関係があるのだろうか。

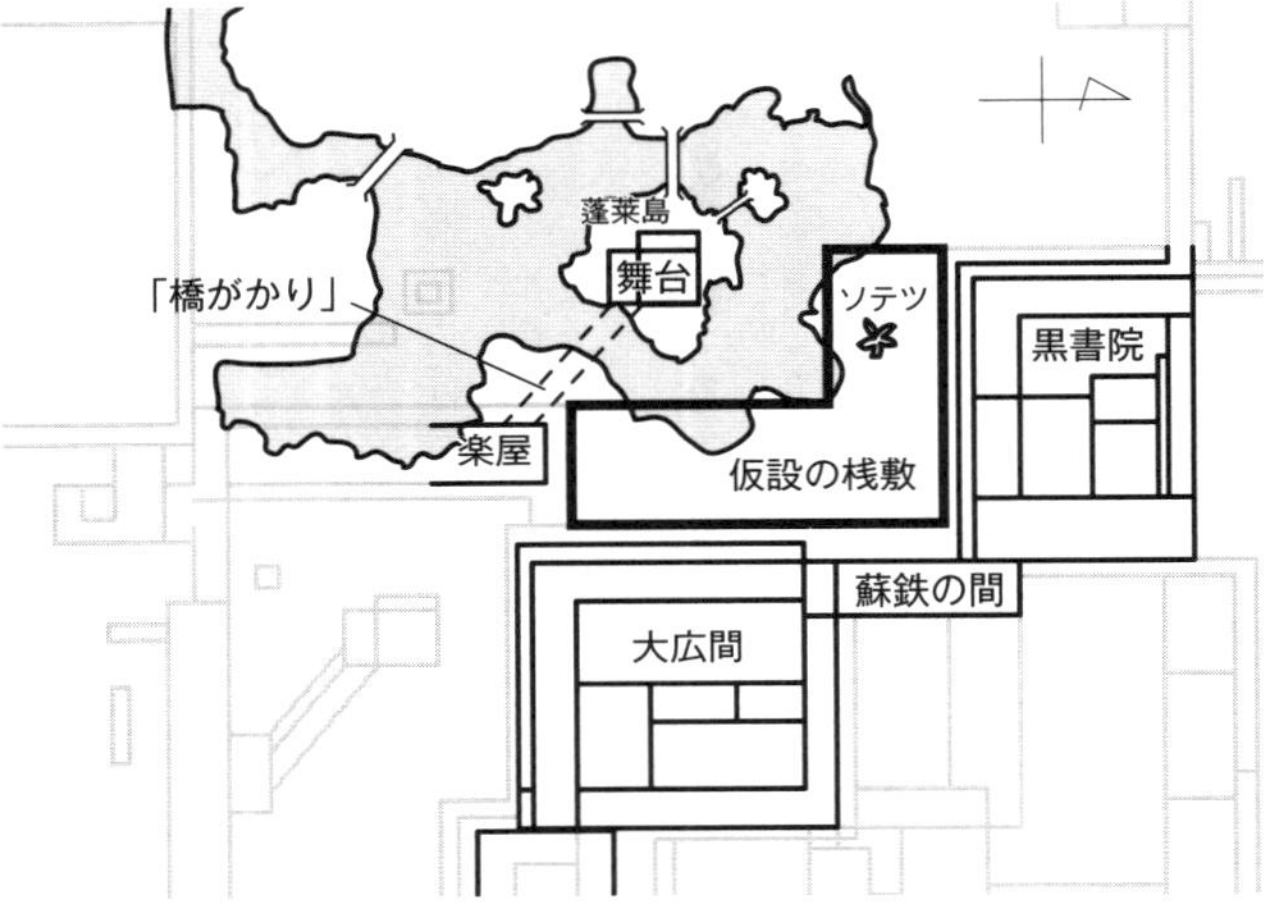

図 56　能舞台復元案

手がかり その二　観能の宴

将軍就任のレセプションは観能の宴だったといわれている。つまり、二条城は期間限定の大観能劇場となったのだ。そのメイン舞台はこの庭だったのではないかと私は考えている。能舞台の寸法が庭とよく合うからだ。

手がかり その三　方角についての検討

能舞台には方角がある。松の描かれた鏡板を北西とすることが多いようだ。これは舞台上での呼称で、実際には敷地に合わせてどちら向きに作ってもよいことになっている。上手下手というのと同じで、舞台上の東西南北は決まっているが、実際の舞台の向きは自由にしてよいのだ。したがって、この庭に能舞台があったとして、それがどちらを向いてい

写真15　二条城二の丸庭園の亀島

ても構わないということになる。

手がかり その四　舞台はどこにあるのか

栈敷がL型になっているとすれば、舞台の位置は自ずと決まってくる。それは池のなかの蓬莱島だ。おもしろいのは舞台からの「橋がかり」が、池をちょうど渡る距離に納まってくれることだ。現在、島には大きな松が植わっているが、それはここが能舞台だったという記念なのではないか［図56］。

手がかり その五　距離についての検討

問題は、書院と舞台とが離れすぎていることだ。これは栈敷を舞台のそばまで臨時に延長したと考えるほかない。黒書院前には古いソテツが植わっており、庭の主のような存在感を示している。私はここが家康が能を観た場所だったと考えている。

〈推論〉沢に火を沈め「沢火革」とした

ここで薪能《たきぎのう》を演じれば、暗い水面に能舞台が映り込む。舞台はまるで暗い宇宙にぽっかりと浮かんだように見えたことだろう。このとき薪の火が水面の下にも見える。つまり水面の下に火が入るのだ。水面＝沢だとすれば「沢火革」の易がここに成り立つ。こうして庭はひととき「沢火革」の予祝に包まれたと推定できる。

天下人である家康の予祝は国家の安泰と繁栄だったろう。その祈りを捧げる舞台として二の丸庭園は整備されたわけだ。能は神や鬼などの異界を観せる芸能だ。天下人の祈りに応えて龍穴からあふれ出した気に包まれた舞台には、さて何が降臨したのだろう［写真15］。

第4章

天正の都市改造の風水地理学

01

御土居の形はどうやって決めたのか

〈現状〉 巨大な御土居《おどい》

豊臣秀吉の築いた京都をめぐる御土居は、江戸時代を通して保存された。明治になって陸軍が測量した地形図には御土居の形がほぼそのまま描き込まれている。その後、御土居は取り崩され、現在はほんの一部を残して跡形もなく消えた。御土居の大きさは幅九～三〇メートル、高さ三～三・六メートルで、その外側に幅三・六～一八メートルの堀があった。

御土居が何のために造られたのかは不明である。この巨大な建造物はいまも謎に包まれたままだ。秀吉は御土居を始めとして西陣の工房都市化、水路の整備、大仏の建設など、天正《てんしょう》の都市改造とも呼ぶべき大工事を行っている。その結果生まれた新都は現代京都の骨格となって今も生きている。

さて、まずはこの形をどうやって決めたのかを考えてみよう。複雑に見える形も、風水にしたがえば案外簡単に描けるのだ。

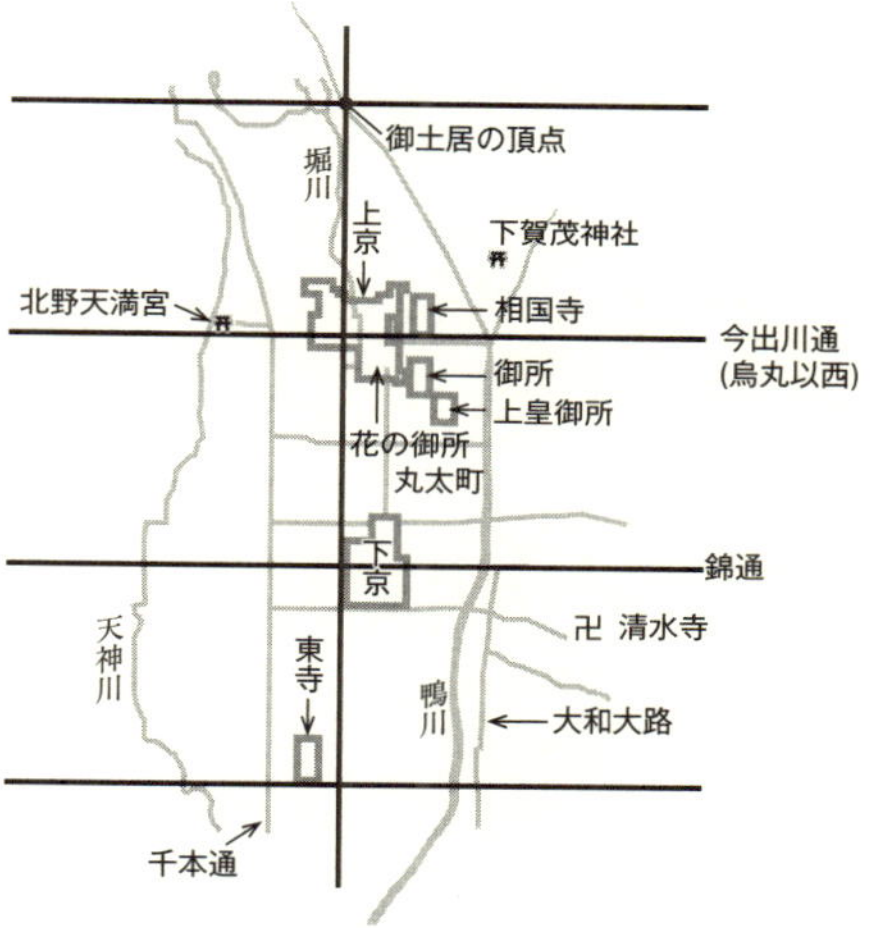

図57　描きかた1（立命館大学アート・リサーチセンター「平安京オーバレイマップ」上の、京都市平安京創生館「平安京跡イメージマップ」をもとに作成）

手がかり その一　御土居の形の描きかた

一　堀川をタテの中心軸とする。御土居の南北を三分割してヨコ軸を作る。今出川通と錦通がヨコ軸に相当する［図57］。

二　ヨコ軸に合わせて正三角形をあてはめる。正三角形は鴨川と天神川の間にちょうど納まる［図58］。

三　三段に重なった正三角形を元に格子状グリッドを作る。新都の主要なアプローチである東洞院通と千本通が縦軸に加わる［図59］。

四　グリッドを元に御土居の位置を決める。自然の川があるところはそれに添わせる［図60］。

細部については、なぜこうなっているのか分からない所もあるが、全体としては正

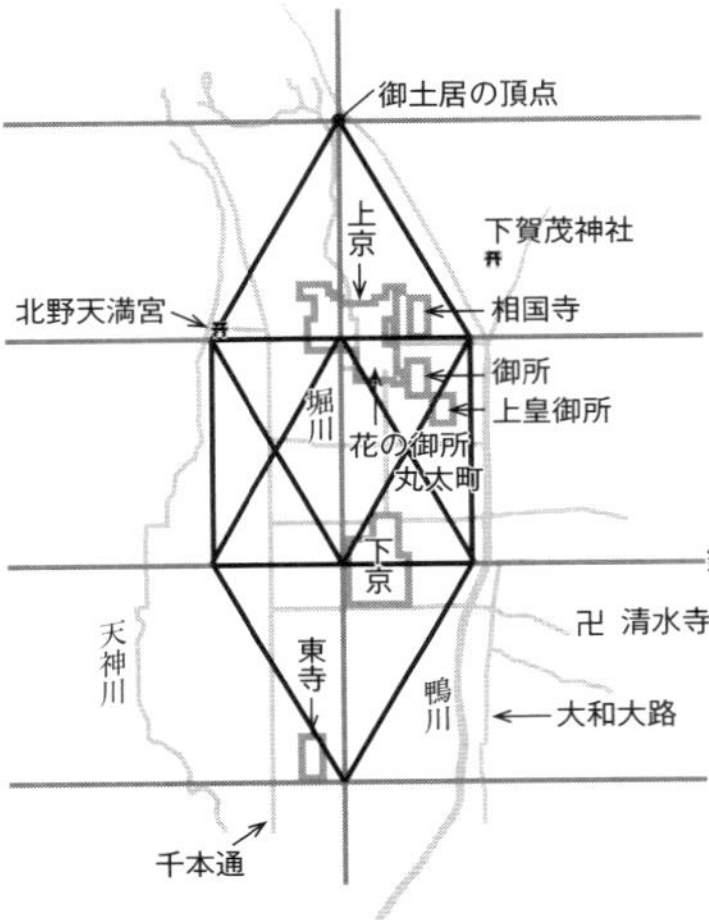

図58　描きかた2（立命館大学アート・リサーチセンター「平安京オーバレイマップ」上の、京都市平安京創生館「平安京跡イメージマップ」をもとに作成）

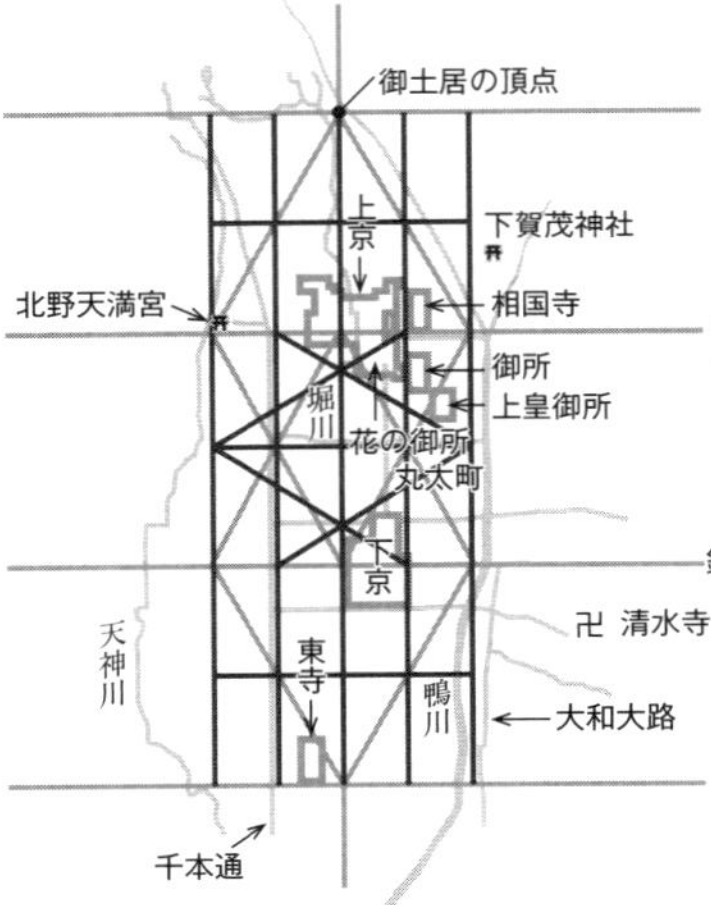

図59　描きかた3（立命館大学アート・リサーチセンター「平安京オーバレイマップ」上の、京都市平安京創生館「平安京跡イメージマップ」をもとに作成）

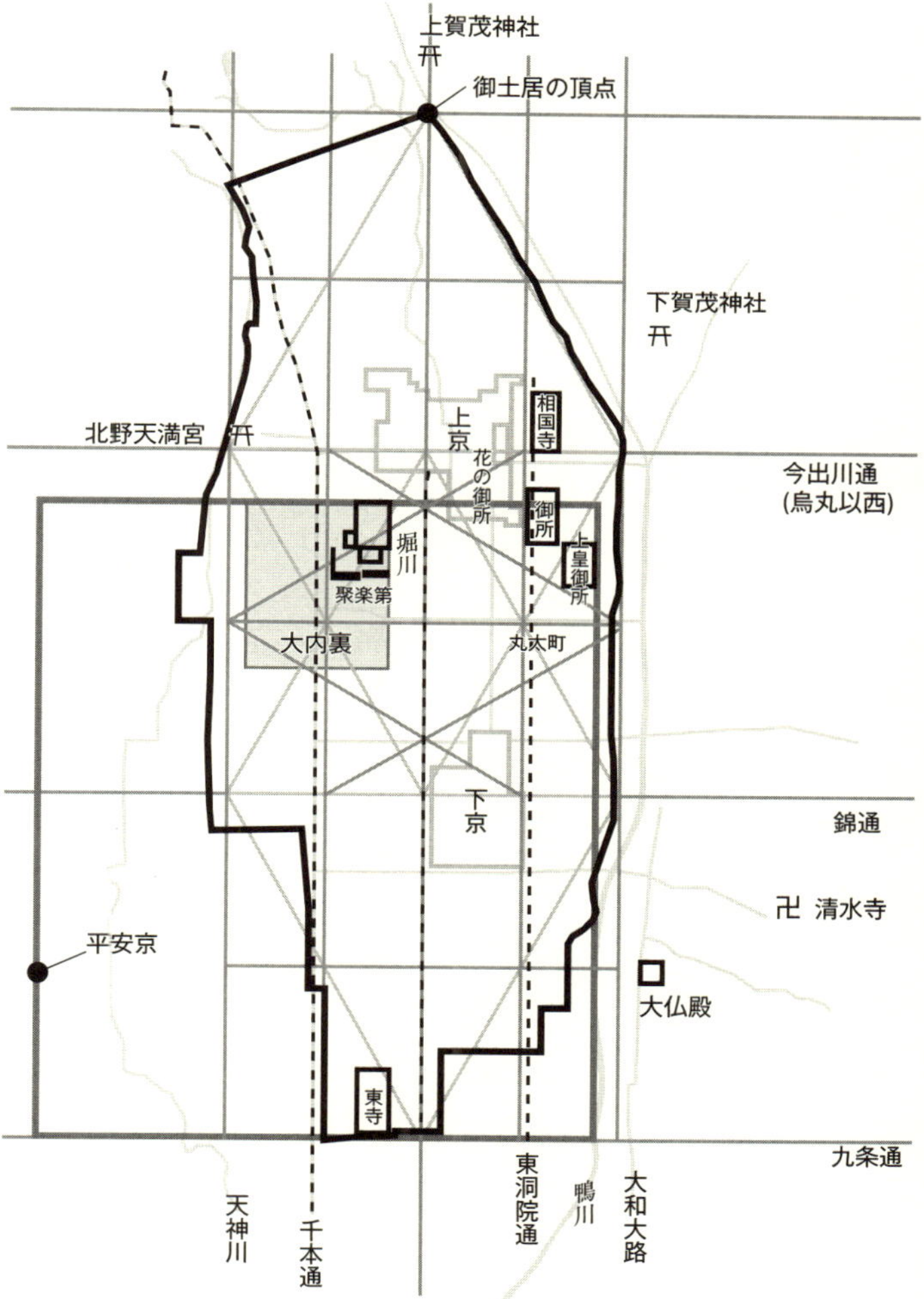

図60　描きかた4（立命館大学アート・リサーチセンター「平安京オーバレイマップ」上の、京都市平安京創生館「平安京跡イメージマップ」をもとに作成）

三角形の三段重ねで決めているように見える。もちろんこの正三角形は気の三合である。

手がかり その二　四つの三合が揃う

南側の火の三合は平安京と同じく、この新都が天を仰ぐものであることを示すのだろう。朱雀大路に相当するのが堀川である。朱雀大路は火の道だ。水路を火の道にあてるプランを初めて見た。先端の東寺が羅生門の代わりである。空海が羅生門に据えたという兜跋毘《とばつび》沙門天《しゃもんてん》がいまは東寺にあるのは、ここが都市門である証拠かも知れない。

北側の水の三合は平安京の北苑にあたるだろう。正三角形の各頂点が神社と対応しており、何らかの意味があるように見える。これについては後節で考えてみたい。

三段重ねの中央は、隋の大興城と同じプロポーションだ。したがって木の三合と金の三合が入り「金克木」の防疫の予祝が成り立っている。

四つの三合がすべて入るのは三段の内で真ん中だけだ。この部分が新都の中心部と思われる。おそらくこの区画が上京で、南側の区画が下京だ。

手がかり その三　平安京の左京がすっぽり納まる

こうやって描いた御土居のなかに、平安京の東半分（左京）がすっぽり納まる。さらに、

写真16　御土居

大内裏の東北角を聚楽第が占めている。秀吉の都市改造のベースには、すでに失われて久しい歴史上の旧都・平安京がある。

〈推論〉 再現された平安京

御土居は眼に見える形で旧平安京を復活させることが目的だったと推定できる。復元を東半分に限ったのは、都の陽気側だけを採用したためだ。都の東側は陽気、西側は陰気の領域となる。平安京の西側が早く廃れたのは、そこが陰気側なのであまり好まれなかったからだという説もある（出典10）。聚楽第《じゅらくだい》を大内裏の東半分に限定したのも同じ理由からだ。秀吉には平安京や大内裏がどの範囲に広がっていたのかよく見えていたことが分かる［写真16］。

02

天正の都市改造を易で読むとどうなるか

〈現状〉 御土居を六段に分ける

都市計画のためのグリッドを見れば、新都が南北方向に六段に分けられているのが分かる。つまり易で読めるのだ。やはり宇文愷《うぶんがい》の風水理論はこの時代まで受け継がれていたわけだ［図61］。

宇文愷の風水理論

第一節で見た通り、宇文愷は都を六段に分け、それぞれに太極宮、皇城、寺院を配置した。太極宮は皇帝の居所で、皇城は諸官衙《かんが》である。私見では太極宮、皇城、寺院のある段を陽気、何もない段を陰気として易を読みとる。易の八つのイメージはそれぞれ三つの陰陽の気でできている。そのイメージが二つ揃えば易となる。だから六段あれば易が成立するのだ。［図62］。

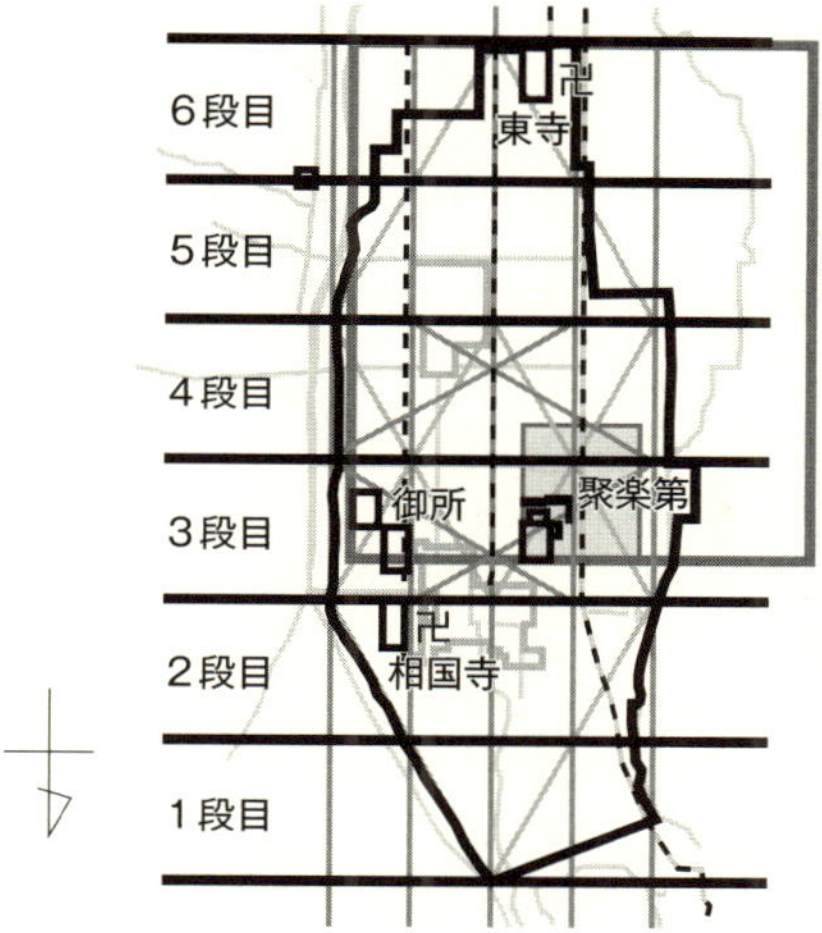

図61　御土居の六段

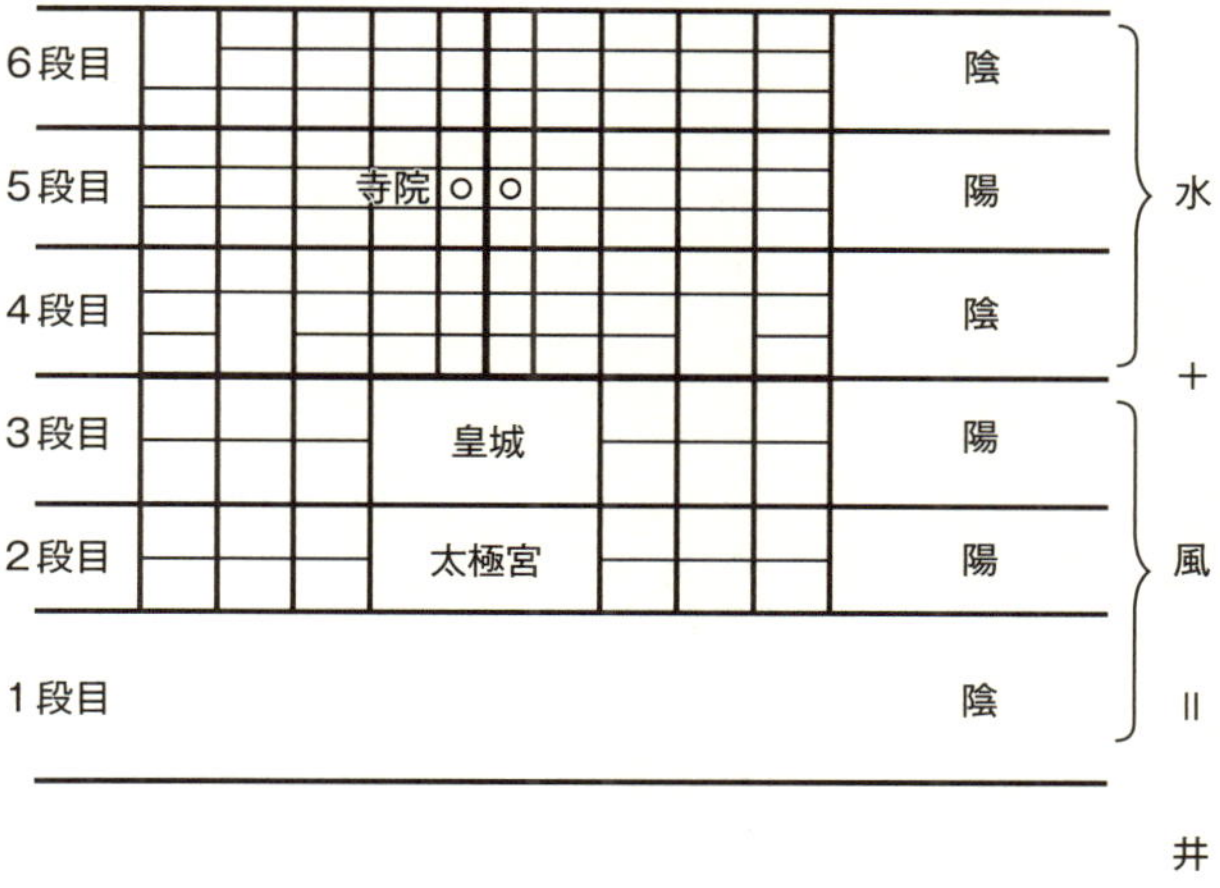

図62　大興城の易

手がかり その一　新都に陽気の施設を配置する

そこまで分かっていればあとは簡単だ。大興城と同じような諸施設を新都のなかから見つけ出せばよい。陽気と考えられるのは次の施設だ。

・天皇御所
・上皇御所
・聚楽第
・東寺（教王護国寺）
・相国寺

寺院に関しては域内に大寺が多いが、室町幕府の定めた禅宗の京都五山寺院に限った。大徳寺も大寺だが五山ではないので除くとする。秀吉は西本願寺も造ったがこれも除いた。御土居の内側で国家のための寺院といえば、東寺と相国寺の二つでよいだろう。

手がかり その二　山風蠱の予祝

新都に陽気の施設を配置すると図のようになる。読みやすいように南北を逆転させている。上イメージは六段目に東寺があるのみなので、陰＋陰＋陽となり「山」だ。下イメージは二段目を相国寺が、三段目を御所と聚楽第が占めるので陰＋陽＋陽となり「風」だ。

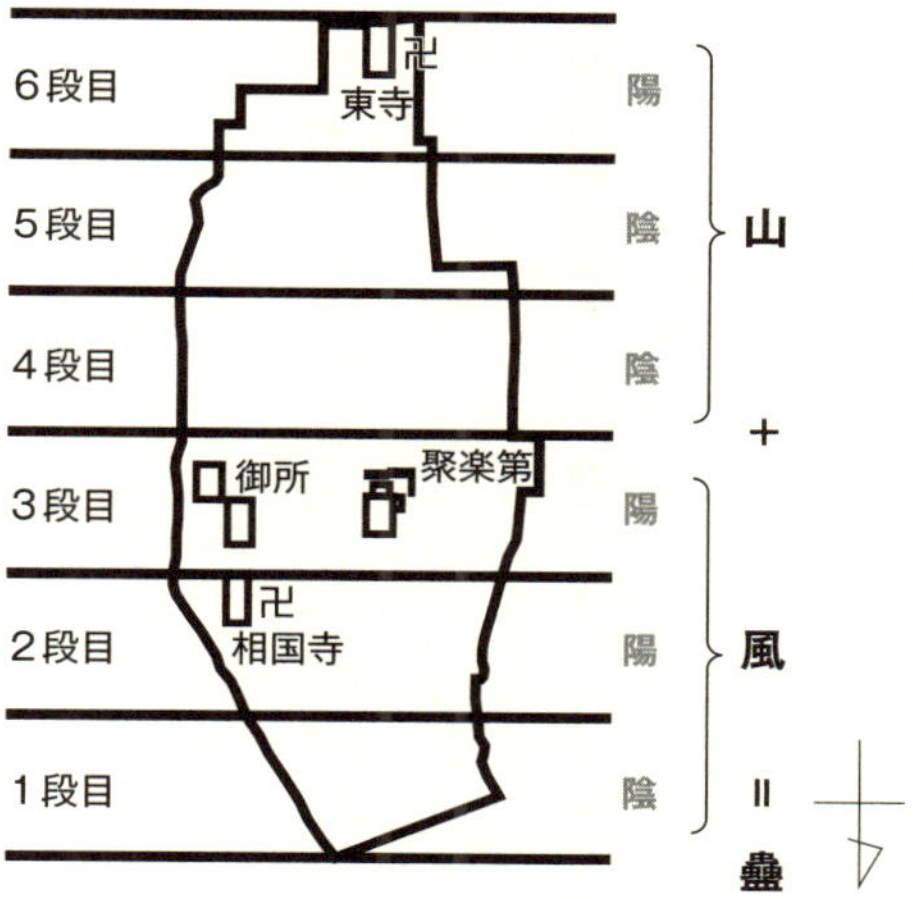

図63　天正の都市改造の易

したがって易は「山風蠱」となる。驚くことに、平安京とまったく同じなのである［図63］。

〈推論〉コピーされた「山風蠱」の予祝

秀吉は平安京を復活させるにあたって、そこに懸けられていた「山風蠱」の予祝までも復活させたわけだ。そこで使われた陽気の施設はほとんどが既設のものだ。それをうまく使って「山風蠱」の易を成り立たせている。逆にいえば「山風蠱」の易になるように御土居を築いたと推定できる。

03

聚楽第はなぜこの場所にあったのか

〈現状〉　聚楽第の立地

御土居が城壁だとすれば聚楽第は王宮だ。聚楽第とは楽しさを聚《あつ》める宮殿という意味だから、いかにも王宮の名にふさわしい。その王宮を造る場所は風水上とても重要だ。よくよく考え抜いたうえで選んだに違いない。では、なぜ聚楽第はこの場所にあったのか考えてみよう。

手がかり　その一　大内裏《だいだいり》の上であること

大内裏の跡地に建てることで、天下人であることを端的に示すことができる。これ見よがしなのは、政権の正統性をアピールして世情を安定させるために必要なことだ。

手がかり　その二　堀川に近いこと

堀川は平安京建設にあたって造られた運河だ。大内裏の大蔵や市場への輸送のほか、大内裏建設資材の搬入経路でもあった。だから都造りはまずこの運河を掘ることから始まっ

写真17　堀川

ただろう。堀川はふたたび第二の大内裏たる聚楽第建設のために使われたわけだ［写真17］。

天正の都市改造において、堀川は新都のメインアプローチとなった。都入りは船で入るのが正式な方法だったわけだ。外国使節が船で入洛すれば、きらびやかな聚楽第が少し手前から遠望できたろう。その派手さは政治的アピールというよりも、むしろ新しい時代を示す芸術だったといったほうがよかろう。

手がかり その三　御所と横並びであること

これがもっとも重要だと考えられる。もちろん易で読むことを前提とした配置だが、それだけではない。御所と聚楽第は堀川を挟んで東西に建っている。これが聚楽第の位置におけるもっとも大きな特徴だ。

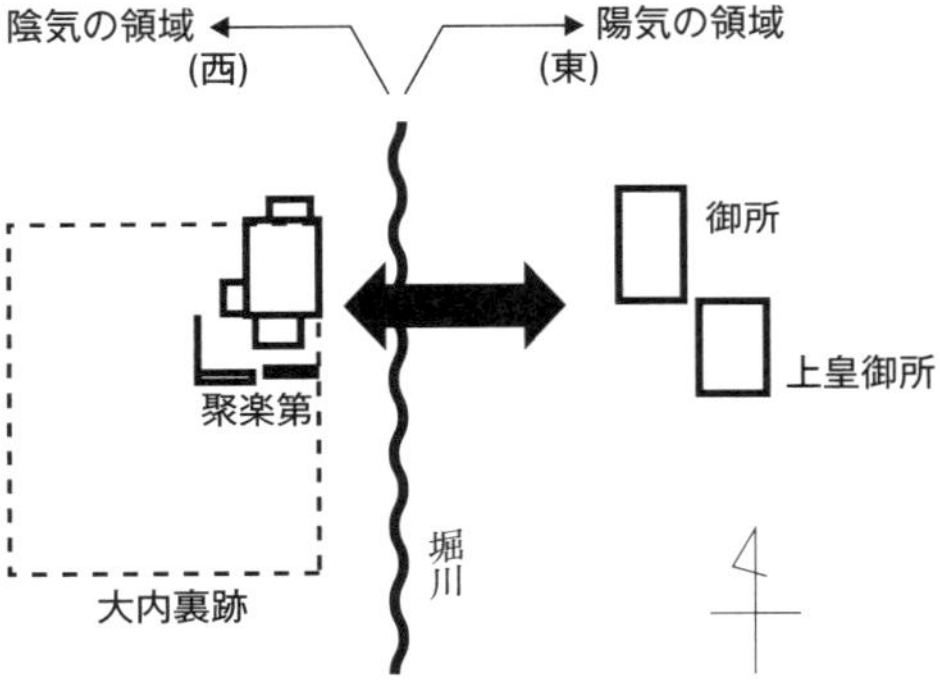

図64　聚楽第と御所の配置

東は陽気で西は陰気だ。平安京の大内裏では陽気側に文官、陰気側に武官の役所が配置された。文書で国を形造っていく文官は陽気の作用、武器で敵を滅ぼす武官は陰気の作用と考えたのだろう。御所と聚楽第はそれを踏襲した配置となっている。つまり、豊臣政権は武官なので堀川の西に、朝廷は文官なので堀川の東にある［図64］。

〈推論〉陰陽の王宮の出現

堀川のすぐ近く、しかも堀川の西側で御所と東西横並びの位置となり、かつ大内裏の跡地であるという条件が揃うところはここしかない。こうやって聚楽第の敷地は選定されたと推定できる。

聚楽第と御所とが横並びとなる配置は、豊

臣政権と朝廷が陰陽のセットであることを表している。武官と文官とが手を携えて新しい国造りを始めることの意思表示であり、豊臣政権と朝廷とが共存共栄を図るという宣言でもあった。

しかしそれ以上に重要なのは、都は必ず二種類必要だという陰陽論上の要請を実現したことだ。日本が都造りの手本とした隋では、長安と洛陽という二つの都を建設した。私はこれを陽気の都と陰気の都だったと考えている。平安京に朝堂院と豊楽院という二つの王宮が並び建っていたのも、政権を陰陽のセットと考えたからだ。

同じことが天正の都市改造でも繰り返されるのだ。権力は集中すれば一つになると考えがちだが、陰陽論的に言わせてもらえれば、陰陽の二つの権力が並び立つほうがよっぽど自然なのである。こうして天正の都市改造でも御所と聚楽第という二つの王宮を備えるに至ったと考えられる。

04

大仏殿はなぜこの場所にあったのか

〈現状〉立地を考える

こうした大きな宗教施設は、たまたまその場所にあるということはまず考えられない。周到に吟味したうえで敷地を選んでいる。その場合の条件とはただ一つ、神仏に祈りを捧げる場所としてふさわしいかどうかである。それを決めるのが風水の理論だ。

さて、大仏殿はいまは基壇しか残っていない。そして、それはとても大きく3D地図でも分かるほどだ。その背後にそびえる阿弥陀ヶ峰に秀吉は葬られた。秀吉を御祭神とする豊国神社が創建され、彼は神となった。大仏と秀吉神は神仏習合し一体化した。大仏前で祈れば、その背後にある豊国神社の秀吉も同時に拝むことになる［図65］。

大仏殿、豊国神社、そして阿弥陀ヶ峰の秀吉の墓所・豊国廟《ほうこくびょう》がワンセットになって聖域を構成している。では最初に造られた大仏殿は、なぜこの場所にあるのだろうか。

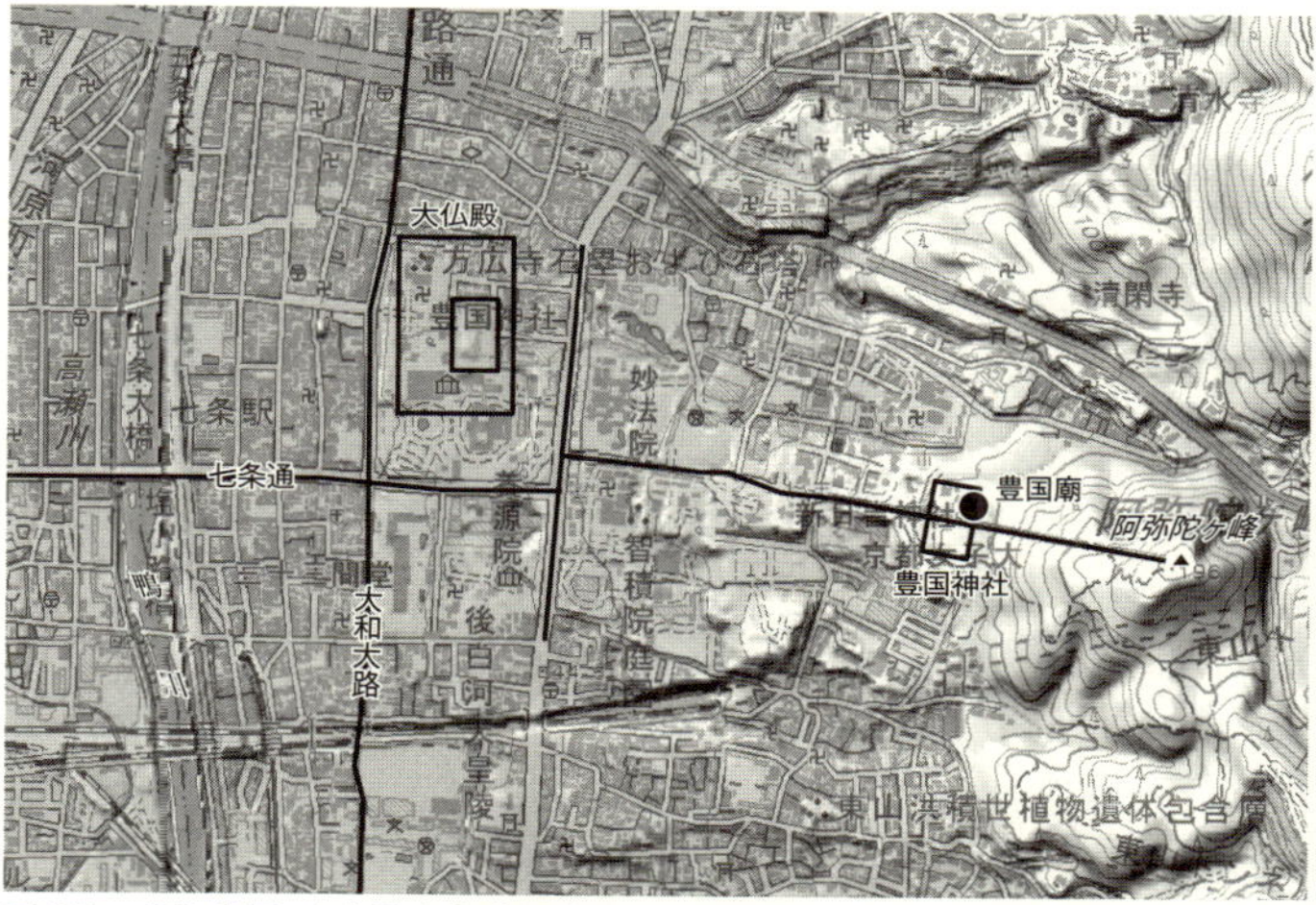

図65　3D地図 大仏殿から豊国廟まで（立命館大学アート・リサーチセンター「平安京オーバレイマップ」上の、京都市平安京創生館「平安京跡イメージマップ」をもとに作成）

手がかり その一　西向きの大仏殿

社寺は通常南向きだ。なぜ南向きかという疑問に答えるのは難しいが、私は大極殿を模倣したからだと思っている。大極殿は大地の中心にあって天である南を礼拝する形で建てられている。神社のことを宮というが、大極殿も宮と呼ぶ。これは神社と大極殿とが同じ形式であることを示唆している。

さてここで難問である。なぜ秀吉の建てた大仏殿は西向きなのか。奈良の大仏も鎌倉の大仏も南を向いている。それが真っ当な建てかたというものだ。それをわざわざ西向きにする意味は何なのだろうか。

手がかり その二 大仏殿は下京区域の中心軸上にある

地図をよく見てほしい。大仏殿は下京区域、つまり南側の正三角形区域の東西中心軸上にある。これは偶然なのだろうか。なぜ大仏殿が南の正三角形区域の中心軸上にあるのか。最初はこの意味がさっぱり分からなかった。しかしこの謎は意外な所から解けるのである。それは千本通だ［既出図60］。

手がかり その三 千本通の西側がないのはなぜか

御土居の形の描きかたは第一節で見た。グリッドに合わせて描いているのは間違いないが、不可解なのは南西角が欠けていることと、北西角が山に乗り上げていることだ。ここでは新都の南西角が欠けている理由について考えてみよう。

南の正三角形区域では、千本通を境にして西側がすっぱり切り取られている。この意味も当初は分からなかったが、大仏殿と合わせて考えるとすんなり解けた。これは木の三合なのだ。

図のように、千本通を底辺として下京区域に東向きの正三角形が描ける。その頂点に大仏殿がある。この意味は一目瞭然だ。東向きの正三角形は木気の三合だ。一方、大仏は巨大なブロンズ像である。つまり金気の塊だ。木気の三合と金気の大仏が向き合う。すると

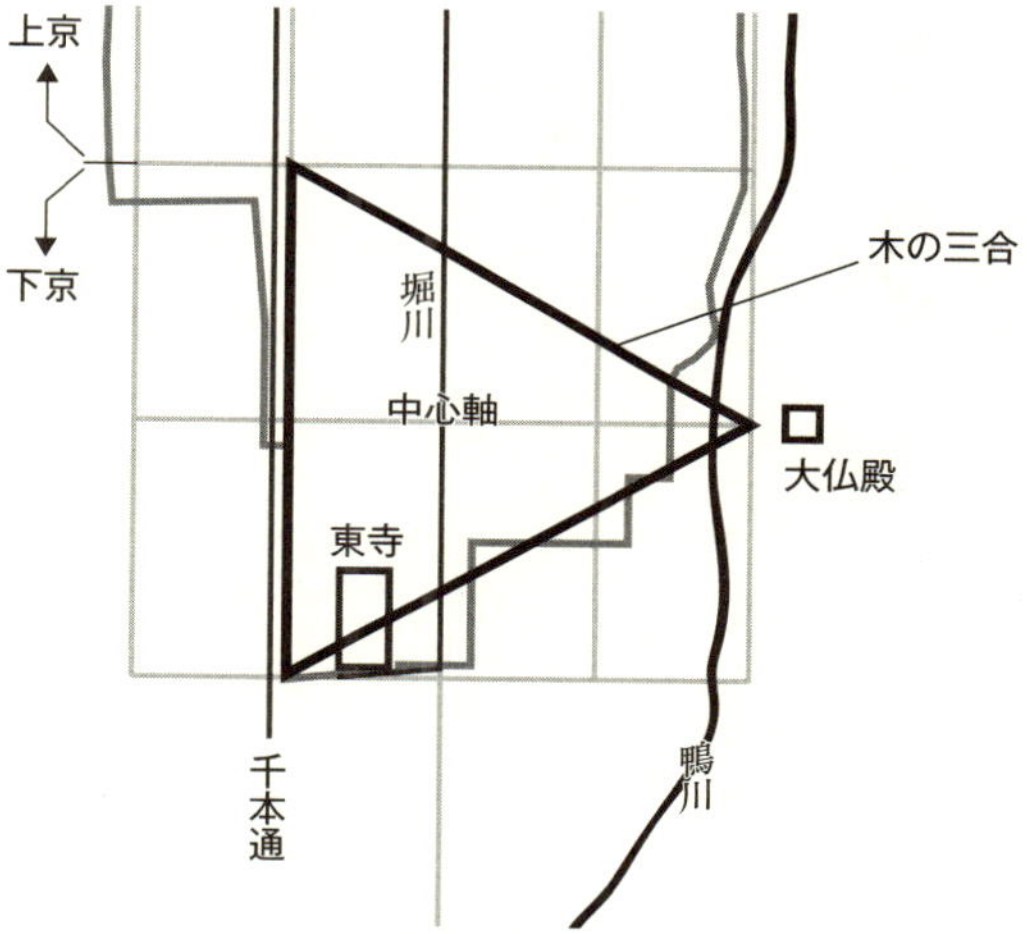

図66　千本通と木の三合

ここに「金克木」の相克の関係が成り立つのである［図66］。

〈推論〉金克木の防疫の予祝

秀吉は、下京の木気の正三角形と対面させるために大仏殿を西向きに建てた。ほかの区域ではなく南の正三角形区域を選んだのは、ここが都の表玄関だからだろう。新都の正式な表玄関は東寺で飾られた堀川だ。つまり新都への病魔の侵入を防ぐために玄関先である下京区域に「金克木」の相克の関係を成り立たせ、防疫の予祝を懸けたと推定できる。

05

御土居の袖の謎

〈現状〉 北野天満宮の御旅所

御土居の西側に、一ヶ所だけ西へ張り出した部分がある。これを御土居の袖という。何のための張り出しなのか今も分かっていない。３Ｄ地図で見ればその形がよく残っているのが分かる。現地を歩いてみると、袖の南西角に段差がある。御土居そのものか、もしくは外側の堀の跡らしい。

袖のあたりは北野天満宮の神人が住んでいた地域だ。天満宮の神人は麹座《こうじざ》を組み、室町時代を通して大きな経済力を誇っていた。妙心寺道の袖から出た所に天満宮の御旅所があるのは、ここが神人たちの本拠地であったことを告げている。

さて、この謎に満ちた御土居の袖を風水で解けばどうなるのか。

手がかり その一　大きさについて

袖の部分はどのくらいの大きさか。京都市の平安京オーバレイマップには、御土居の袖と平安京の街区とが描かれているので分かりやすい。これで見ると袖の大きさは東西二町、南北四町で八町の広さがある。袖の部分の御土居の長さは北二町、西四町、南二町なのでこれも八町だ。八は木気を象徴する数字である［図67］。

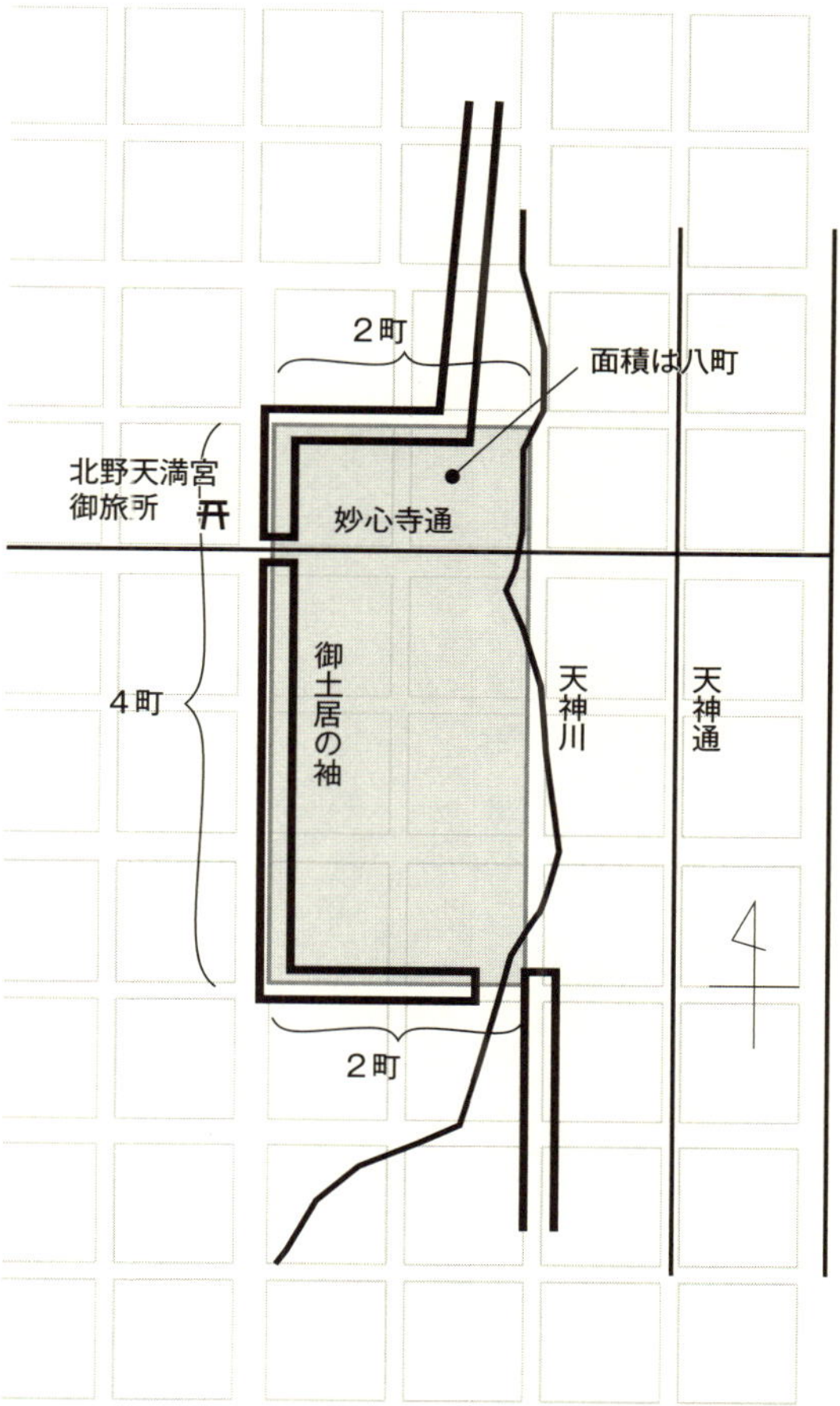

図67　御土居の袖の大きさ

手がかり その二　北野大茶湯

豊臣秀吉は一五八七年、北野天満宮で大茶会を開いた。利休を始めとする茶道の著名人を揃え、一般参加自由の一大イベントだ。旧暦十月一日に始まり十日間の予定だったが、翌日に中止となった。理由は不明である。中止の理由も気になる所だが、ここではこの茶会の風水的な意味について確かめておこう。

茶の意味

茶は火気の飲み物だ。味を五行に配当すると苦味は火気となる。火気は土気を生む。人体は土気だから茶は体に良いということになる。喫茶は人体を強める呪術なのだ。この大茶会の目的も茶の力によって土気を強めることにあった。

旧暦十月の意味

旧暦十月は木気の三合の「生」である。木気は十月に生まれ、二月にもっとも盛んとなり、六月に消える。これが木気の三合だ。十月は生まれたての木気が春二月へ向けて成長を始める月なのだ［既出図28］。

茶の火気は土気を強める。土気の作用が土用だ。土用は四つの季節の最後の十八日間があてられる。十月一日は、木気の生である十月の初日である。生まれたばかりの木気がこれからうまく成長できるか覚束ない。そこで、茶会で強めた土気によって生まれたての木気を助けようとしたわけだ。茶会は木気がうまく成長しますようにという予祝なのだ。

手がかり その三 まんじゅう喰いの子安の呪術

図68 まんじゅう喰いの土人形（円満字洋介画）

北野天満宮は観音寺と習合していたが、ここは子安《こやす》信仰の聖地だ。子安とは、妊娠と安産、そして子供の成長を祈ることである。実子のなかった秀吉がここで茶会を開いたのは、自分も子安の願いを懸けたかったからだろう。

観音寺に願懸けするためには、「まんじゅう喰い」という土人形を使う。まんじゅう喰いは童子を模したもので、両手に半分に割ったまんじゅうを持っている。まんじゅう喰いには次のようないわれがある。

あるとき親が「お父さんとお母さんのどちらが好きか」と尋ねた。子供はたまたま手に持っていたまんじゅうを二つに割って、

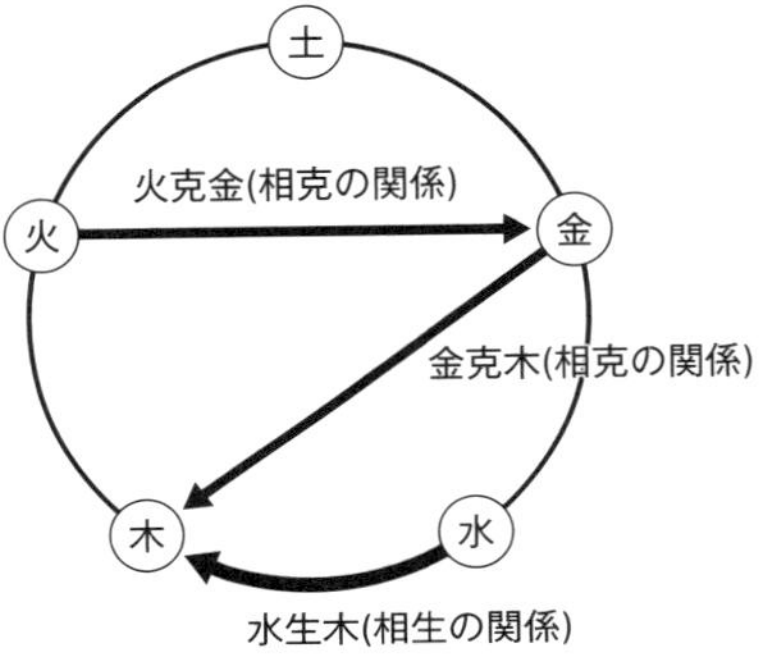

木気の神様を悦ばせる方法

1.相生の関係を使う。水気のものを供える。
木気は水気から生まれるので、水気を悦ぶ。
2.相克の関係を使う。火気のもので金気を克す。
木気は金気が苦手なので、金気が減れば木気は悦ぶ。

図69　木気の神様の悦ばせかた

「左と右のどちらが甘いか」と尋ね返したという。つまり両親のどちらも同じくらい好きだという意味を婉曲に示したわけだ。婉曲に言ったのは、子供に対して試すようなことをするなと言いたかったからだ。親をたしなめているのである。まんじゅう喰いの土人形は、賢い子供を授かりたいという子安の願いのための呪具である。［図68］

この話を風水で考えるとどうなるか。まんじゅうのような白くて丸いものは金気の象徴だ。木気は金気が苦手だから、まんじゅうを割れば木気を助けることになる。まんじゅう喰いは金気を割って木気が成長することを象徴的に表している。この場合の木気とは妊娠を指す。それは木気の季節である春に植物が芽生えることと対応してい

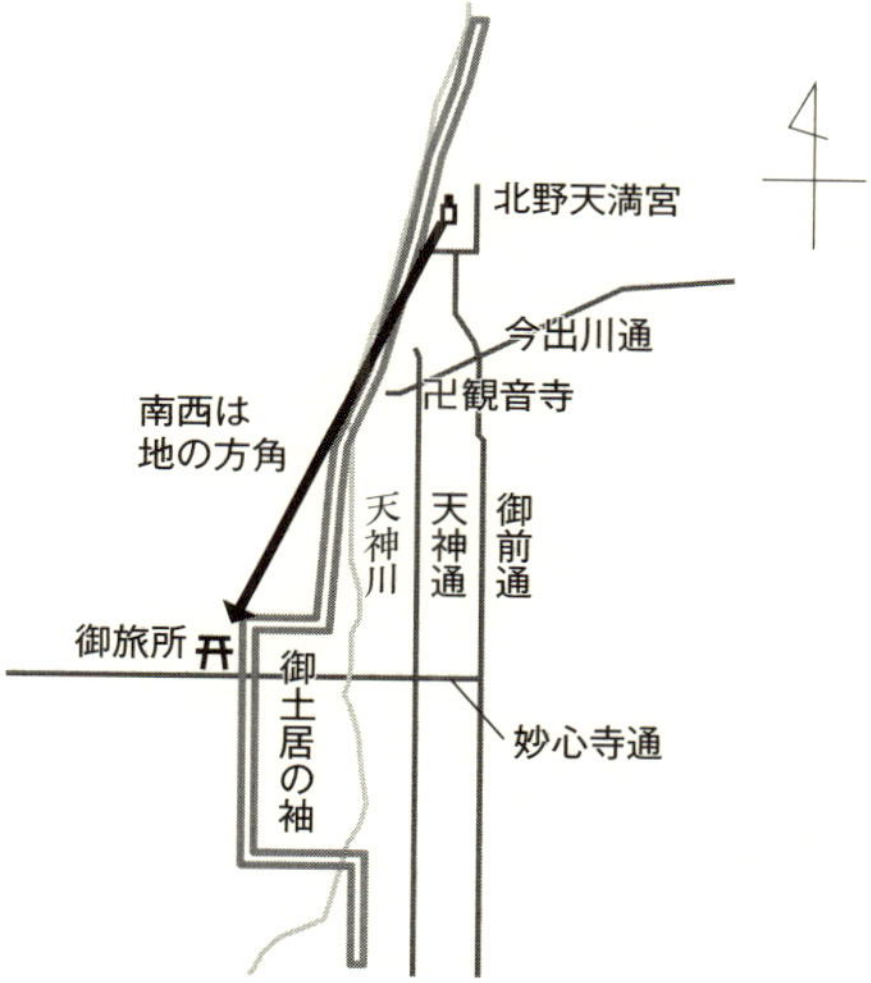

図70　天満宮と御旅所の位置関係

る。つまり、まんじゅうを割る行為は、子安を援《たす》けるのである［図69］。

手がかり その四　ずいき祭

ずいき祭は、新暦十月一日から始まる北野天満宮の大祭だ。ご神体が天満宮から御旅所へお移りになる。そこで天神は再生するという。五日に天満宮へ戻る御還行祭は「おいで祭」とも呼ばれている。還ってきたのではなく、生まれ変わった新しい天神様がお出でくださったという意味だ。

御旅所は天満宮の南西にある。後天図でいえば「地」の方角である。「地」は家族でいえば母にあたる。生まれ変わるために地母の方角へ一旦戻るわけだ［図70］。

ずいき神輿の意味

ずいきとは、エビ芋などの茎のことだ。この茎で神輿の屋根を葺く。茎のようなまっすぐな形は木気に配当される。また、神輿の壁は野菜で作る。神輿そのものが木気の塊なのだ。これは天神様が木気であることを示している。

ずいき祭は旧暦九月九日に行っていたともいう。九日に御旅所に入れば十二日から土用が始まる。御神体が御旅所に籠っている間に、土気の作用によって木気の生が準備されるわけだ。天満宮に還った時点ではまだ木気は生まれる直前の状態だ。孵化を前にした卵のような状態である。土用が終わり十月になって初めて木気は誕生する。これが新しい天神の降臨である。秀吉はその日をねらって大茶会を開いたわけだ。

〈推論〉天神様の生まれ変わりの場所へ土気を供える

御土居の袖が八町なのは、八が木気の数字であるからだ。一方、御土居は「土」の字が入っているように土気の塊だ。八と御土居を合わせると木気を土用で完成させるという意味になる。

そして、天満宮の御旅所は天神が生まれ変わる場所だ。それは木気が生まれる聖地である。秀吉はそこへ土気の塊である御土居を供えしようとしたのだろう。そのためにわざわざ西へ張り出して、御土居を御旅所に隣接させたと推定できる。

06

北の正三角形の謎

〈現状〉三つの神社の共通点を探せ

御土居の形をどうやって決めたのかを第一節で見た。それは正三角形を三つ重ねたものだった。一番北側は水の三合だ。これにはどのような意味があるのだろうか。

この正三角形は三つの神社を関連づけているように見える。では、これらの神社にはどのような関連があるのだろうか。一つずつ神様の神格を確かめてみよう［図71］。

手がかり その一　上賀茂神社の雷神

賀茂別雷大神《かもわけいかづちのおおかみ》を祀る。これは雷神だ。雷は易の八つのイメージのなかの一つであり、五行でいえば木気に配される。雷神が元服《げんぷく》した祝いの席で、鴨氏の長が「あなたが父親だと思う神様にこの盃を捧げなさい」と言って盃を渡した。雷神は盃を持ったまま天へ昇ったという。雷神の父親は天神だったというわけだ［図72］。

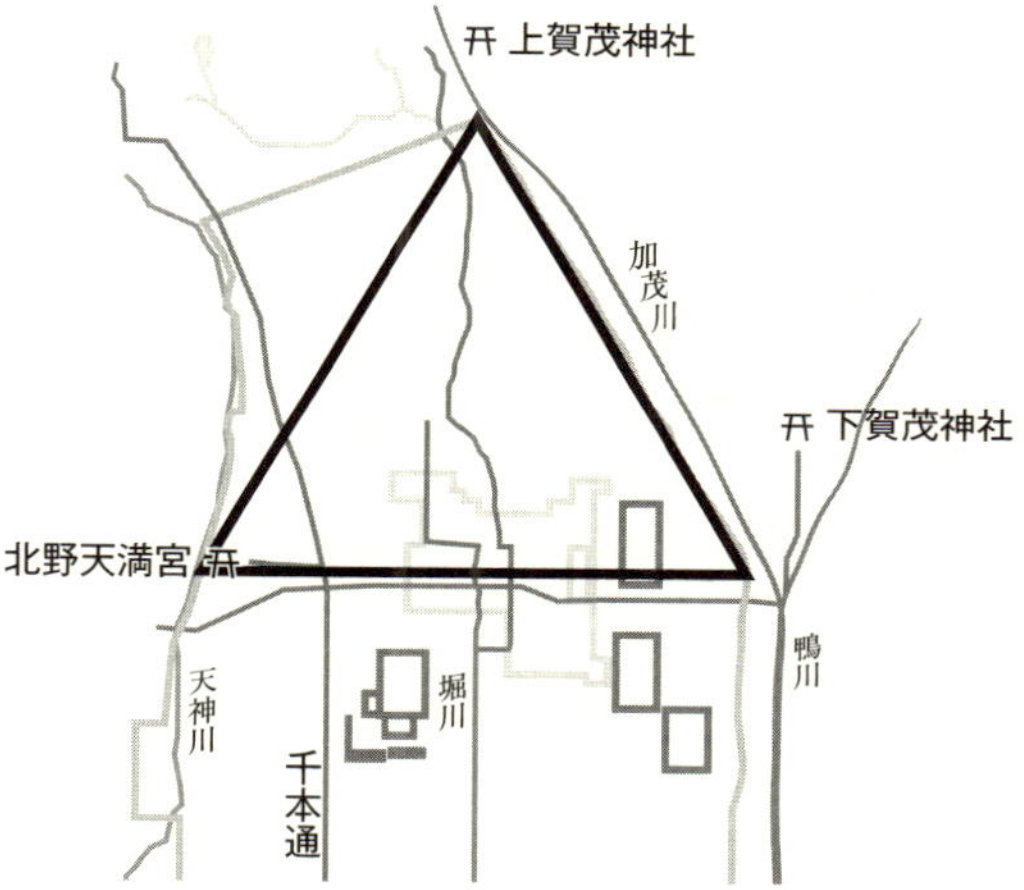

図 71　北の正三角形と神社（立命館大学アート・リサーチセンター「平安京オーバレイマップ」上の、京都市平安京創生館「平安京跡イメージマップ」をもとに作成）

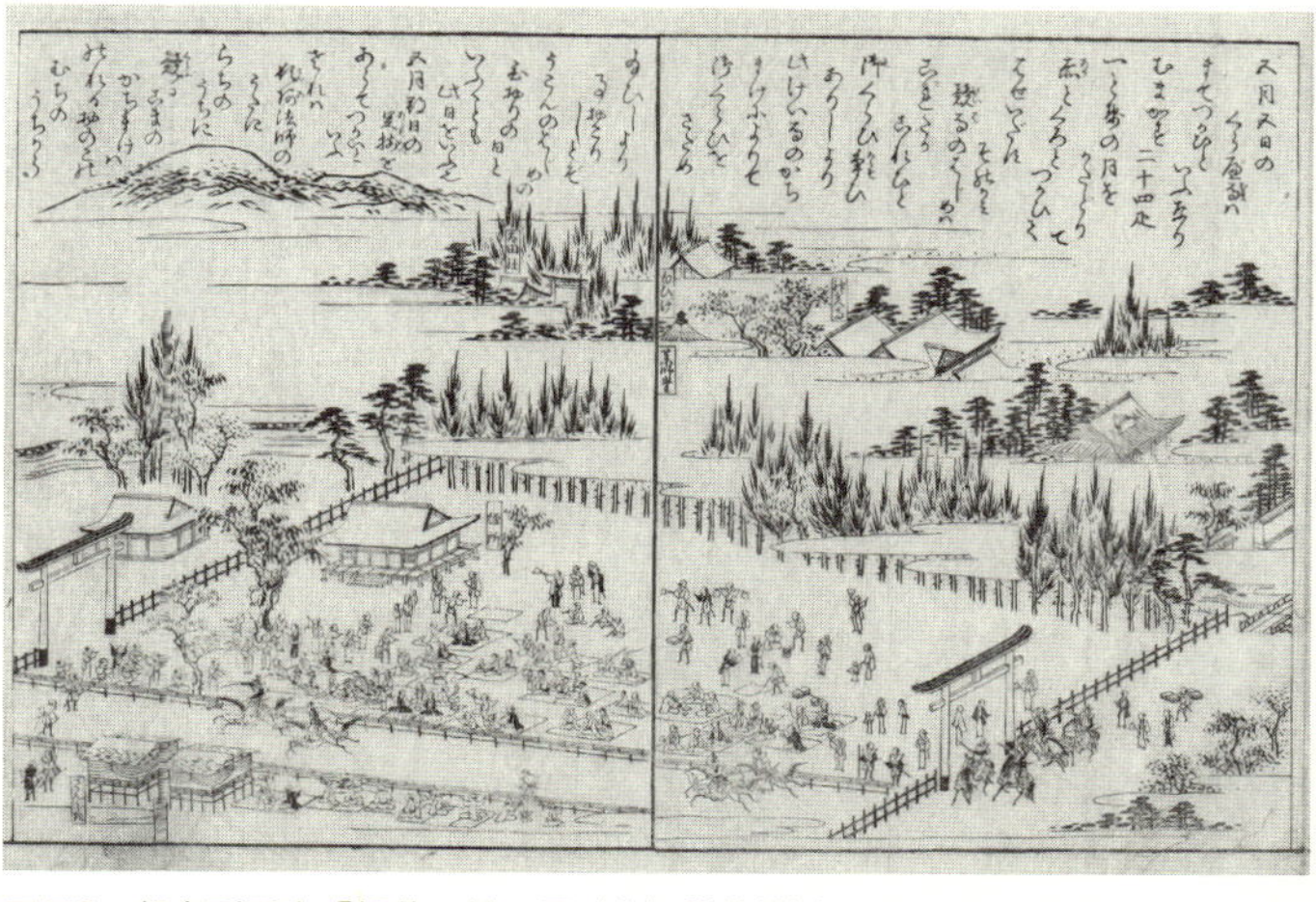

図 72　都名所図会「賀茂の競べ馬（上賀茂神社）」（国際日本文化研究センター所蔵）

手がかり その二 **下鴨神社の母神**

雷神の母神であるタマヨリ姫と、その祖父で鴨氏の長でもある賀茂建角身命《かもたけつぬみのみこと》を祀る。タマヨリ姫は観音と習合していたようなので木気でよいだろう。そもそも鴨という字は甲に鳥と書くが、「甲」は「木の兄《きえ》」と読むように木気に通じる文字だ。

手がかり その三 **北野天満宮**

天神様もやはり雷神である。上賀茂神社の雷神の父親が天神だったこととも符合する［図73］。

秀吉は天神が再生のために籠る御旅所に大量の土気である御土居を供えた。しかも、分かりやすいように長さ八町で面積も八町にしておいた。八は木気を示す数字だからだ。この場合の木気は雷神そのものを示すと考えてもよい。土用によって木気が再生することを予祝したのだ。はっきり言えば、土用によって雷神が復活することを予祝したのである。

〈推論〉 水の三合を木気の神様に捧げる

水の三合は、三つの神々の木気を強めるために造られたと推定できる。水気は木気を生み出す。したがって木気を成長させるためには水気を供えればよいのだ。北野天満宮が子

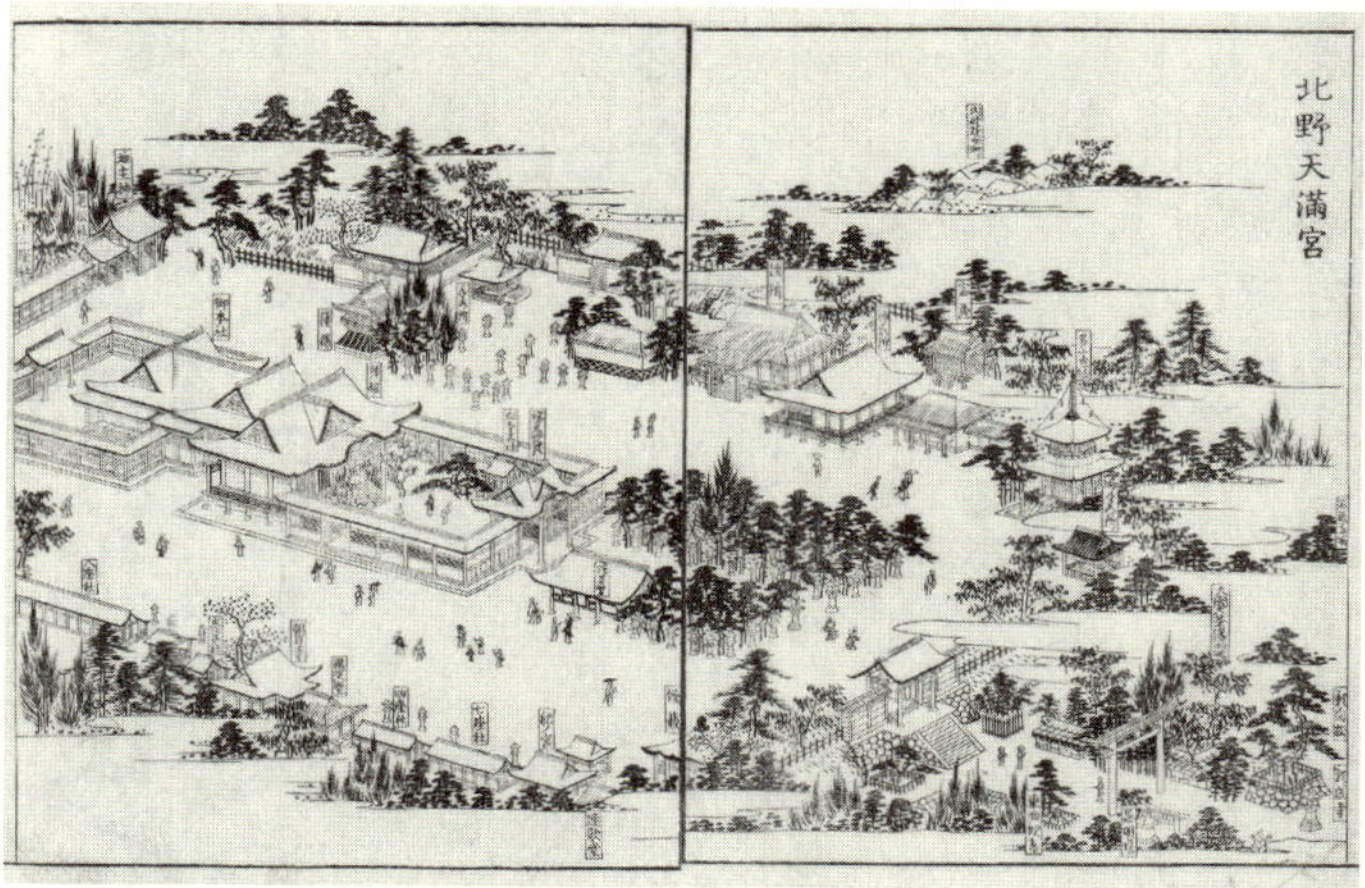

図73　都名所図会「北野天満宮（北野天神）」（国際日本文化研究センター所蔵）

安信仰の聖地であったように、木気は子供の誕生と成長を象徴する。

天正十五年（一五八七）北野大茶湯

天正十七年（一五八九）秀吉の長子鶴松誕生

天正十九年（一五九一）御土居の完成、鶴松の病没

北野大茶湯は秀吉による子安の予祝だったことを第五節で見た。その願いが雷神に届いたかのように秀吉に長子が授かった。それから二年後、御土居建設が始まったころ鶴松は病気だったという。御土居が急遽造られたのは、鶴松の回復を祈るための切実な予祝だったのかもしれない。

07

御土居の北辺はどうやって決めたか

〈現状〉 明確な理由があるのか

北の三角形区域の東側は、鴨川に沿って上賀茂神社前まで続く。一方西側は、天神川沿いに北上し山のなかへ入っていく。御土居は基本的に川沿いに造られているので、東西については問題ない。分からないのが北辺だ。

御土居の北辺は上賀茂神社前の御薗橋から西南西に伸びていく。西側と同様、途中から山へ入り、鷹峯の光悦寺あたりで西側の御土居とつながる。北辺は直線なので、自然状況に合わせたわけではなく、何か別の明確な理由があったはずだ。

〈推論〉 御土居北辺の水城説

私はこの北辺は水城《みずき》ではないかと思う。水城とは水攻めのためのダムのことだ。ここへ水を溜め、堤防を切って流し込むのである。その堤防として、御薗橋から西側の山裾までの最短距離を結べばこの北辺になる。あとは賀茂川を閉鎖すれば水は自然に溜まっていく[図74]。

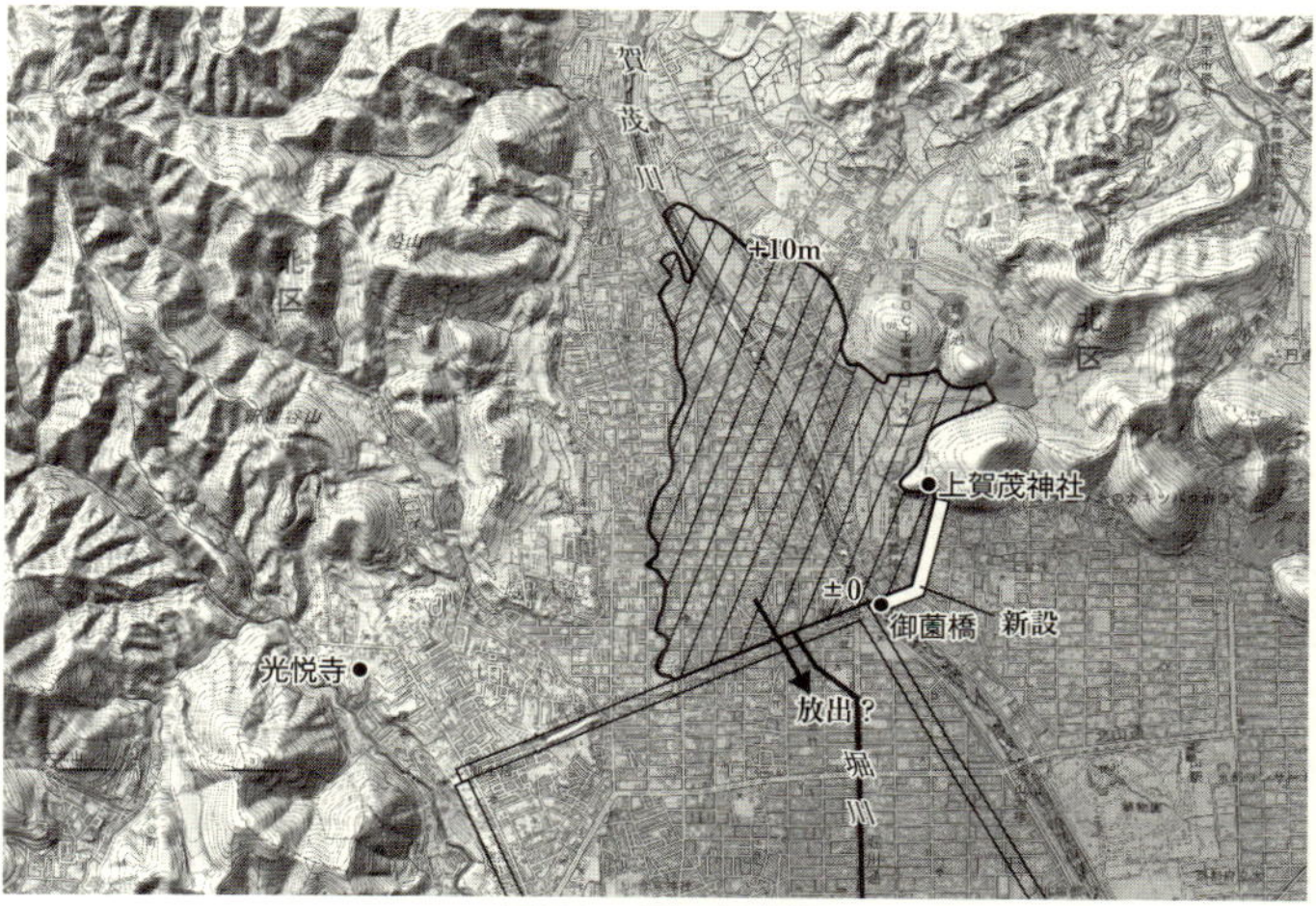

図 74　北辺水城説

ただし、これでは意味が通じない。なぜ自分が造る新都に自爆装置のような水城を設けなくてはならないのか。京都が占領されたときの反撃用の軍事トラップとしては、大仰な割に役に立つとも思えない。唯一現実的なのは、水の三合との関わりだ。もしこれが本当に水城だとすれば、そこに出現するダム湖は上賀茂神社の前まで迫って「水生木」の相生の関係を発動させることができるだろう。しかし、実際に水が溜められているわけでないので予祝にも使えない。

北辺の水城説はいまのところ保留だ。先天図の「山」を体現している可能性もあるが、案外本当に軍事トラップの類いだったのかもしれない。

08

家康による易の読み替え

〈現状〉　天正の都市改造のその後

天正の都市改造が始まってから八年後の一五九八年に秀吉は没する。第三章で見てきたように足利将軍たちは庭作りに励んだが、秀吉は国土を庭園のように造り変えていった。彼の手になったものは巨大でありながら短期間で造られている。あの御土居でさえ数ヶ月で完成している。おそらく、三交代制のように昼夜を分かたず工事を進めたのだろう。

土木や建築は軍事技術の一分野として発達した。それはものを造るときの動員が戦争の動員と似ているからだ。秀吉は軍事の天才だったから、彼の土木工事はいずれも手際のよさが目を引く。それでも八年では国土の再編は完成しなかった。これを引き継いだのが徳川家康だった。江戸幕府は、家康から三代にわたって大掛かりに国土の改造を進めるのである。

さて、京都は天正の都市改造によってほぼ仕上がっていた。それでも家康はいくつか手を入れている。そのなかで、もっとも重要なのが二条城の造営である。この城の意味は庭園の章で考えた。ここでは二条城を造ることで秀吉の作った「山風蠱」の予祝がどう変わったかについて確かめておきたい。

手がかり　二条城の位置

秀吉から関白職を譲られた弟の秀次は謀叛のかどで自害させられた。彼の居城だった聚楽第は秀吉によって徹底的に壊された。

天正十九年（一五九一）御土居の完成、秀次関白となる、秀吉太閤となる
文禄元年（一五九二）第一次朝鮮出兵
文禄二年（一五九三）秀吉に第二子秀頼誕生
文禄四年（一五九五）秀次没、秀次の家族が鴨川の三条河原で処刑される、聚楽第破却

易の六段で見れば、聚楽第がなくなっても三段目にはまだ御所が残っているので「山風蠱」の予祝は生きている。易が変わるのは二条城ができてからだ。

慶長二年（一五九七）第二次朝鮮出兵

慶長三年　（一五九八）醍醐の花見、秀吉没
慶長五年　（一六〇〇）関ヶ原の戦い
慶長八年　（一六〇三）二条城完成、家康が将軍職に就任

家康は聚楽第に代わる施設として二条城を建てた。その位置は三段目ではなく四段目だった。

〈推論〉鼎《かなえ》のようにどっしり構えた政治を

二条城が置かれることで四段目が陰気から陽気へと変化する。そうすると上のイメージが「山」から「火」に変わる。下のイメージは「風」のままだから、易は「火風鼎《かふうてい》」となる［図75］。

鼎　大吉。順調にことが運ぶ（出典3）。

鼎は、三本脚で取っ手が二つある青銅製の鍋のような器だ。祭祀用のもので王権の象徴とされた。「鼎の軽重を問う」という言葉があるが、それは鼎の大きさで王権を比べるようなことをするなという意味だ。

家康の言いたかった王権とは京都の朝廷のことだろう。鼎という易をここに持ち出した

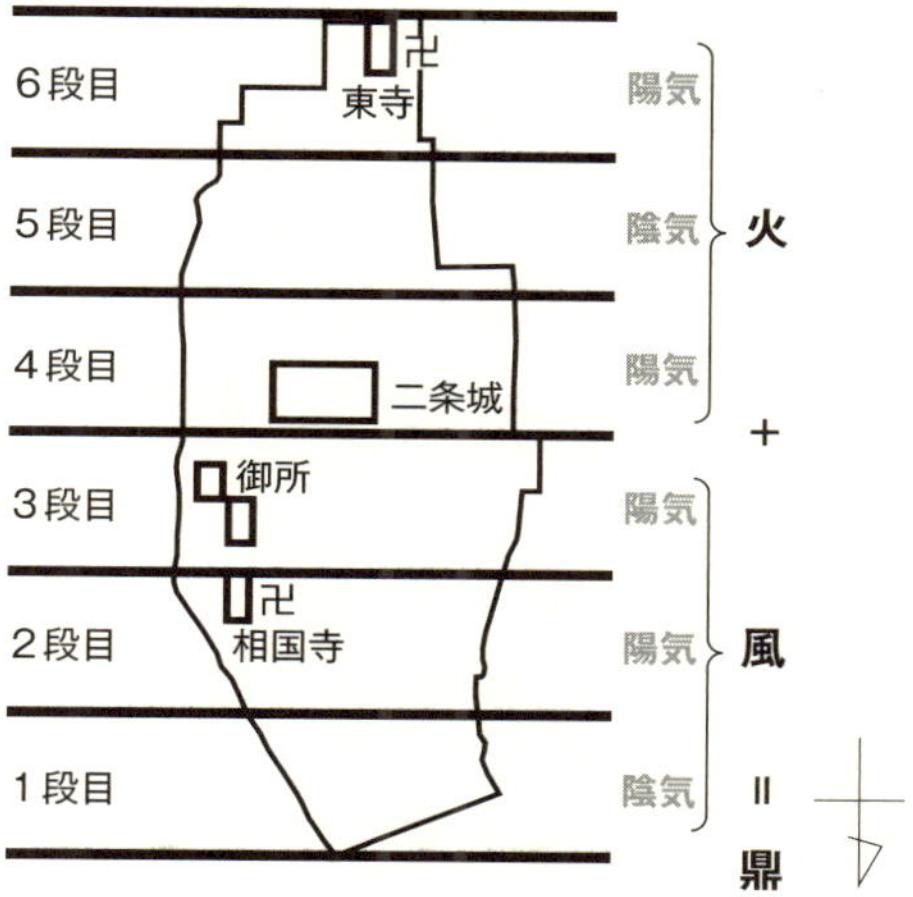

図75　二条城による易の組み替え

のは、京都は元の通り朝廷が治めてよろしいということを示す政治的アピールだ。もちろん新しい国が大吉でありますようにという予祝でもある。

しかし、とりあえず「山風蠱」の予祝を破るほうが急務だったように見える。「蠱」はすべてのものが新しくなるという易だ。御土居ができてからの十年、目まぐるしく世の中が変わった。しかしその副産物のように豊臣家のお家騒動が勃発し狂気じみた血みどろの結末を迎えた。家康はうんざりしていたことだろう。「蠱」はもうやめよう。その代わり「鼎」のようにどっしり構えてぶれない政治がしたい。彼はそう考えて「蠱」を「鼎」に変えたと推定できる。

風水理論の用語集

【気】

気の概念はエネルギーに近い。エネルギーは物質世界の概念だが、気は精神世界をも包括する。そこが西洋科学との大きな違いだ。これは人体が精神と不可分であることからの発想だろう。ちなみに気の英訳にはforce《フォース》（力）が使われることが多い。「気」についての日本語は多い。気持ち、気分など、気という言葉を使わない日はないくらいだ。それほど気の思想は日常生活と密着している。風水を学べば祭礼や年中行事の意味が分かることが多い。

【龍穴《りゅうけつ》】

古代中国では、大地も人体と同じように生きていると考えられていた。人体に気を出し入れするツボがあるように、大地にもツボに相当する穴があると考えた。それが龍穴だ。この場合の龍とは気を象徴している。龍穴に近い場所に集落や墓地を置けば、生活や祖先が気の良い影響を受けると期待された。（A）

（A） 龍穴図

【風水】

風水は地形上の風と水の流れを読んで、大地から吹き出した気の溜まる場所を見つける技術である。気は風ですぐ散ってしまうので、山に囲まれた場所に溜まる。また、水に遮られるので、川の曲がった内側などに溜まりやすい。気は見ることも触ることもできない不可視の存在だが、風と水に関する知識を使って地形を読めば、気の溜まりやすいところを見つけることができると考えられた。

【陰陽論】

世界の最初、気は大きな一つの塊だった。それを太《たい》極《きょく》または太一《たいいつ》（太乙《たいいつ》）などという。ビックバンの起こる前のエネルギーの塊のような存在だ。それが、あるとき二つに分裂する。明るく軽いものは上に昇り、暗く重いものが下へ沈んだ。上へ昇った陽気は天となり、下へ沈んだ陰気は地となった。こうして世界は開かれ、陽気と陰気の相互作用によって動き始めた。これが陰陽論である。要するに天地創造神話だ。

　天地のあいだに広がった大地の表面が人の領域となった。天地人の三要素を三才《さんさい》と呼ぶ。一から三までの数字はこうして世界誕生を象徴するようになった。

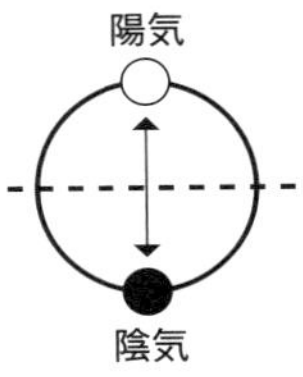

(B)　陰陽分裂

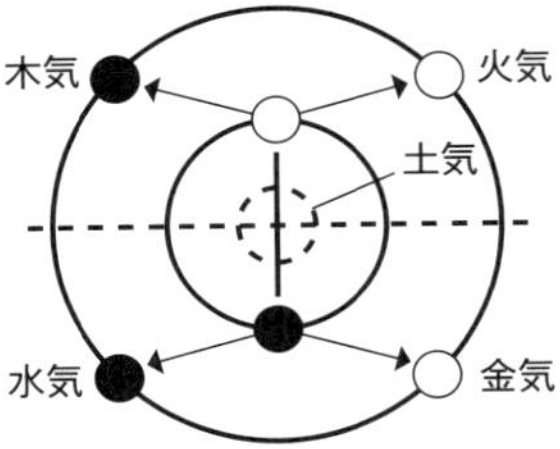

(C)　五行分裂

○ 陽気　● 陰気

【五行説《ごぎょうせつ》】

　二回目の陰陽分裂が起こり、陽気は木気《もっき》と火気《かき》に、陰気は金気《きんき》と水気《すいき》に分かれた。木や火は上へ昇っていくものなので陽気であり、金や水は下へ落ちていくものなので陰気とされた。この四気に人の領域である大地の表面を土気《どき》として加えて五気となった。土気は上がりも下がりもしない観測原点のようなもので、陰陽上では中立である。

　五行説の「行」とは作用という意味だ。「五行」は

性質や属性と考えても間違いではないが、むしろ「状態」に近い言葉だと私は思っている。(B)(C)

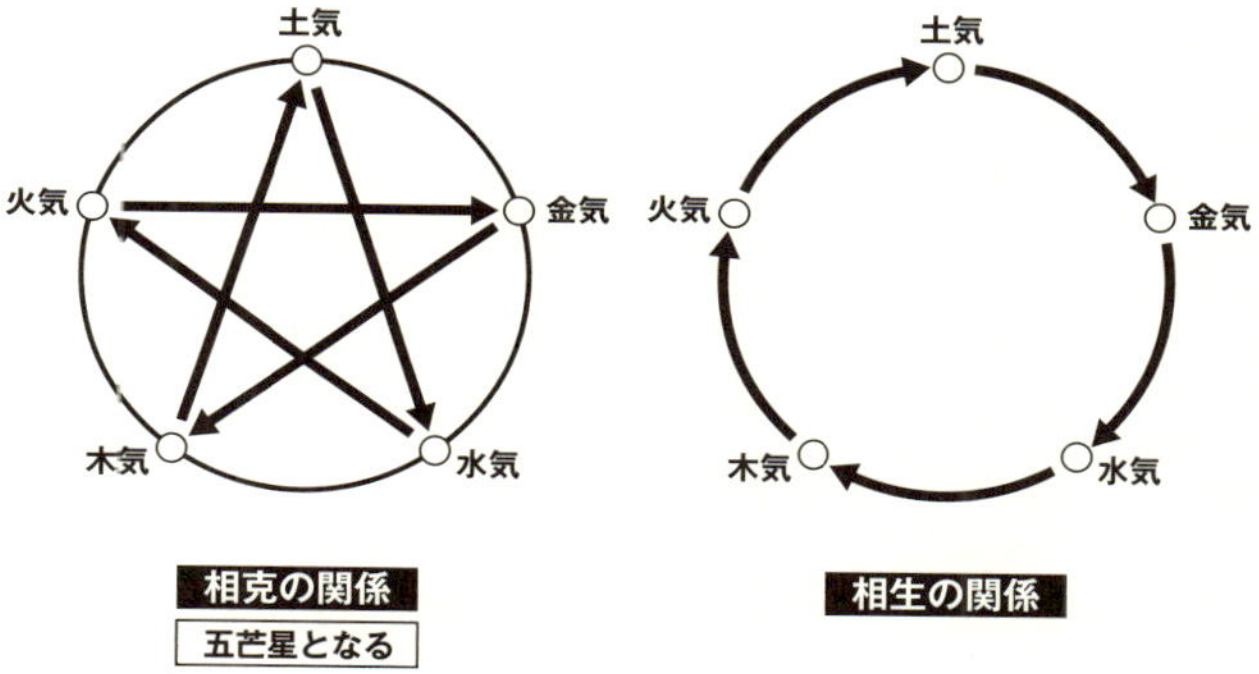

(D) 相生と相克

【相生《そうじょう》と相克《そうこく》の関係】

五気は木火土金水の順で相手を生み出していく。これを相生《そうじょう》の関係と呼ぶ。「ぼっかどごんすい」と覚える。反対に「木土水火金」の順で相手を克《こく》す。克すとは、相手を減殺《げんさい》するという意味だ。これを相克《そうこく》の関係と呼ぶ。この二つの関係を図示したものが五芒星《ごぼうせい》である。

気の作用にも陰陽があると私は考えている。生み出す作用が陽気、減殺する作用が陰気なのだろう。この二つの作用が互いに影響しあいバランスを取りながら世界は動くと考えられた。

なぜ五気なのか。それは五角形だけが辺の数と対角線の数が一致するからだろう。四角形や六角形ではこ

	木気	火気	土気	金気	水気
五色	青	赤	黄	白	黒
五方	東	南	中央	西	北
五時	春	夏	土用	秋	冬
五臓	肝	心	脾	肺	腎
五虫（動物）	鱗のもの	羽のもの	倮（はだか）	毛のもの	介（堅い殻のもの）
	魚や蛇 ※四神は五虫と同じイメージ	鳥など	人や牛	虎など	亀など
五味	酸（すっぱい）	苦（にがい）	甘（あまい）	辛（ピリ辛）	鹹（塩辛い）

（E） 五行配当

れほどうまく二つの循環を説明できない。二つの循環がぐるぐると二重らせんのように回転するのが五行説の世界だ。（D）

【五行配当】

あらゆるものが五行に配当される。それは物質世界だけでなく精神世界まで巻き込んでいる。五感、五味、五穀など五のつく熟語はほとんどが五行配当だと考えてよい。ある事柄を五つに分けて、相生相克の関係にしたがって状態の変化を探るのが五行説だ。（E）

【季節と方角の一致】

季節と方角は密接に結びついている。これは天球上の太陽の動きによって季節が決まるからだ。太陽高度がもっとも高くなるところを南、低くなるところを北、その中間を春分秋分と定めている。これは東洋も西洋

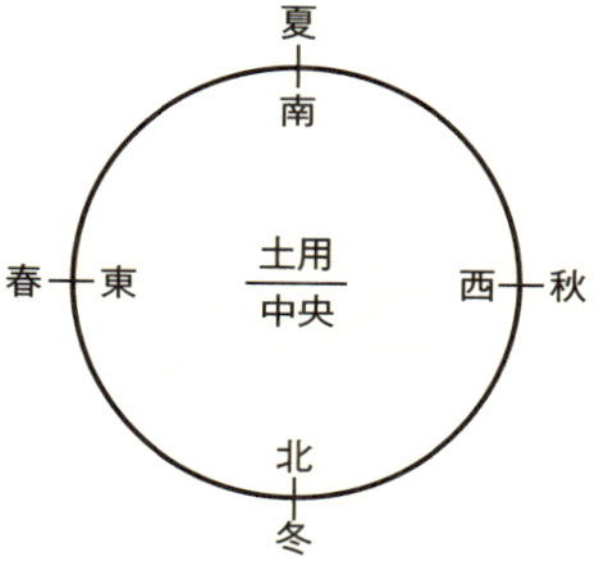

（F） 季節と方角の対応

（G） 土気の作用

も同じだ。こうして方角と季節は表裏一体となる。風水は暦を作るための理論でもあるのだ。（F）

【土用と季節】

土用とは土気の作用のことである。土気には他気と同様に相生と相克の作用があるが、それとは別に他気を強めるという特別な作用がある。たとえば、木気は土気の援《たす》けがなければ火気を生み出すことができない。それは薪を燃やすのにカマドや灰などの土気が必要であることと対応している。木気が相生相克の作用を発揮するためには、それを補佐する土気がどうしても必要なのだ。

もう一つ例を挙げよう。金気が水気を生む。これは川の源流に大きな岩があって、そこから水が滲み出してくるようなイメージだ。ただし岩を地面から引きはがしてしまうと水は出てこない。大地になかば埋もれ

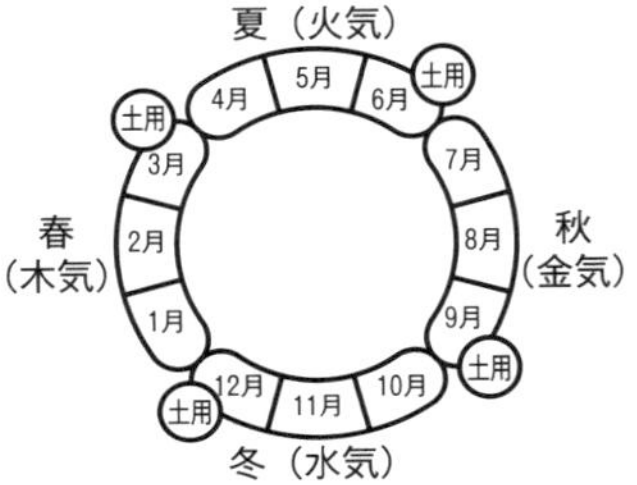

●土用は各季節の最後の18日間が配分される。
●春が夏になるとは木気が火気を生むこと。
そのためには木気が土用によって十分強められていなければならない。

(H)　四季と土用

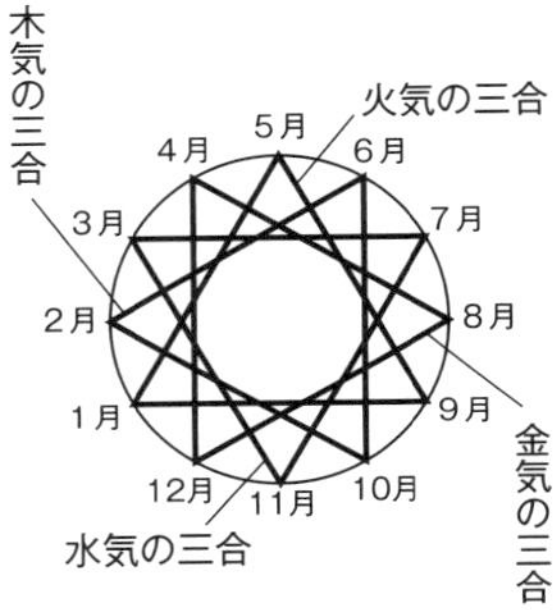

(I)　三合図

ることによって初めて水気を生むことができる。つまり水気も土気の援けがなければ相生相克の作用を発揮できないのである。

季節を五行に配当すると、四季に土用を加えた五季となる。土用は各季節の最後の十八日間を割りあてる。十八日なのは、一年を五で割ったものをさらに四分割するからだ（365÷5÷4≒18）。季節も土気の援けがなければ次の季節を生み出すことができない。最後の十八日間に十分に土気の援けを得て、次の季節を生み出すことができると考えられた。(G)(H)

【三合】

四季は四つの気と対応している。たとえば、旧暦の一月から三月までが春であり木気の季節だ。初春、仲春、晩春と月ごとに季節は移ろう。これとは別に、旧暦十月、二月、六月が木気の三合だ。木気は冬の十月

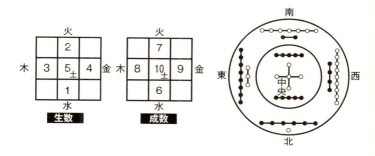

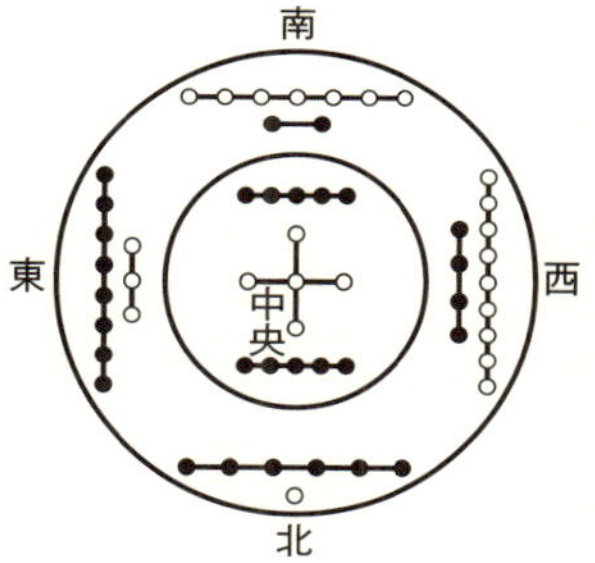

(J) 河図

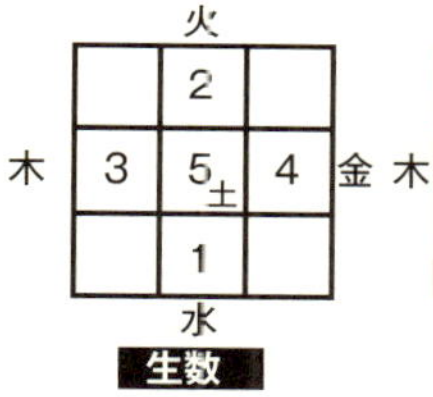

(K) 河図数表

に生まれ、春の二月にもっとも旺盛となり、六月には衰えて墓に入ると考えられた。それぞれを三合の生、旺、墓と呼ぶ。ほかの三気についても同様の三合があり、それらが重なり合いながら移ろいゆくのが季節の運行である。(I)

【河図】

伏羲《ふっき》が王となったときに黄河から現れた竜馬の背の模様が河図《かと》である。図のような点を並べたもので、これは数表だ。数表は二種類あり、それぞれ生数《なますう》、成数《なりすう》と呼ぶ。生も成も音が同じなので便宜的に訓読みすることが多い。数表は五行に対応している。同じ気の二つの数字の差が五なのは土用を表している。土気の五が加わることで生数は成数に成長し、気としての力を発揮することができると考えられた。(J)(K)

	乾（天）	兌（沢）	離（火）	震（雷）	巽（風）	坎（水）	艮（山）	坤（地）
乾（天）	乾為天	沢天夬	火天大有	雷天大壮	風天小畜	水天需	山天大畜	地天泰
兌（沢）	天沢履	兌為沢	火沢睽	雷沢帰妹	風沢中孚	水沢節	山沢損	地沢臨
離（火）	天火同人	沢火革	離為火	雷火豊	風火家人	水火既済	山火賁	地火明夷
震（雷）	天雷无妄	沢雷随	火雷噬嗑	震為雷	風雷益	水雷屯	山雷頤	地雷復
巽（風）	天風姤	沢風大過	火風鼎	雷風恒	巽為風	水風井	山風蠱	地風升
坎（水）	天水訟	沢水困	火水未済	雷水解	風水渙	坎為水	山水蒙	地水師
艮（山）	天山遯	沢山咸	火山旅	雷山小過	風山漸	水山蹇	艮為山	地山謙
坤（地）	天地否	沢地萃	火地晋	雷地豫	風地観	水地比	山地剥	坤為地

（L）　易の仕組み

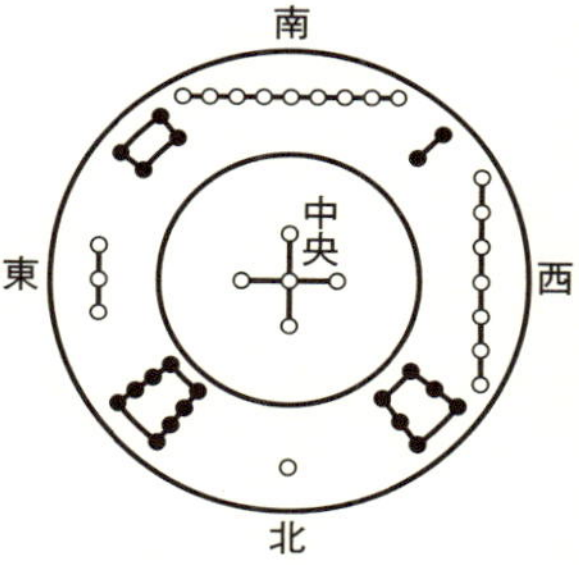

（M）　洛書

4	9	2
3	5	7
8	1	6

魔方陣

タテ・ヨコ・ナナメとも
和が 15

（N）　洛書数表

【易の仕組み】

五行がもう一度分裂して八卦《はっけ》となる。天と地、火と水、雷と風、山と沢の四セットのイメージから成る。これらのイメージはそれぞれ象徴的な漢字一文字で表される。天は乾《けん》、地は坤《こん》、火は離《り》、水は坎《かん》、雷は震《しん》、風は巽《そん》、山は艮《ごん》、沢は兌《だ》と書き表すことができる。

易はこの八つのイメージから二回選んで結果を得る占いだ。したがって結果は八×八＝六十四通りとなる。結果は一文字か二文字の漢字で与えられる。その注釈書が、孔子が編んだといわれる『易経』だ。「天沢履《てんたくり》」というように、選んだイメージに結果を添えて表す。

（L）

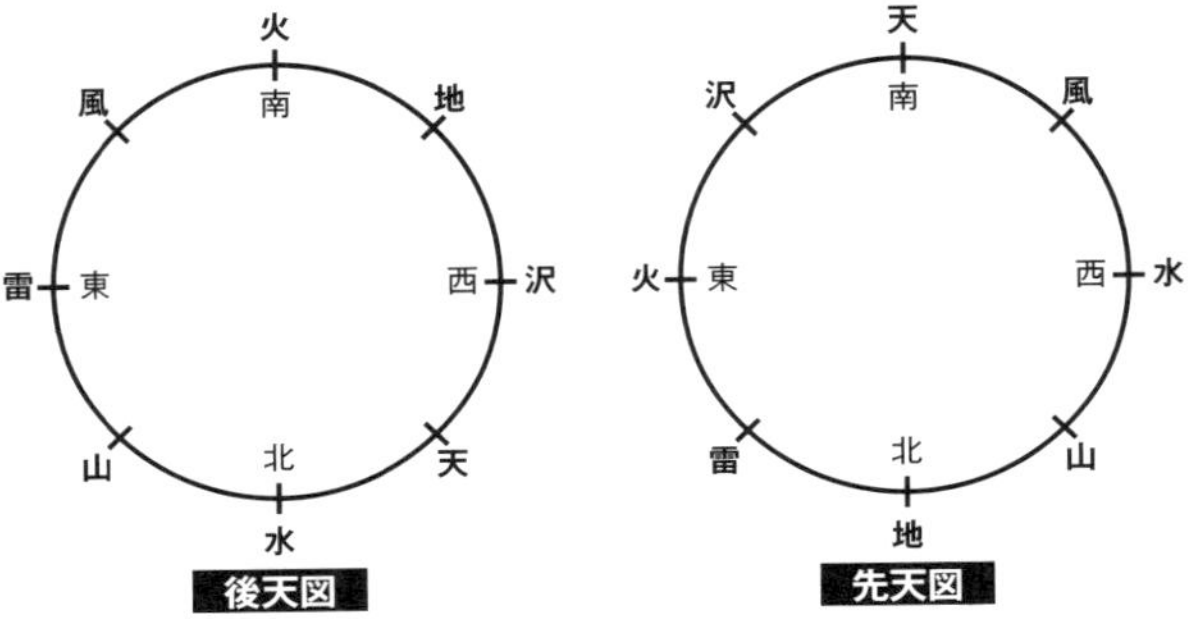

（O）　先天図、後天図

【洛書】

禹王《うおう》の時代に洛水から現れた亀の背の模様が洛書《らくしょ》だ。書といっても河図に似た数表である。この河図と洛書を合わせて図書という。この二つの数表が、世界の成り立ちを人間に教える基礎的な文書というわけだ。

洛書はどの筋を足しても同じ数字になる魔方陣だ。魔法陣ではないので注意してほしい。魔方陣は有名な数学の命題で、これまでさまざまなものが発見されている。三×三の九マスのものは、前ページのものか、この対称形のものしか存在しない。（M）（N）

【先天図と後天図】

八卦を方角（＝季節）に配置したものに先天図と後天図の二種類がある。先天図は伏羲が作り、後天図は周の文王《ぶんおう》が作ったとされる。（O）

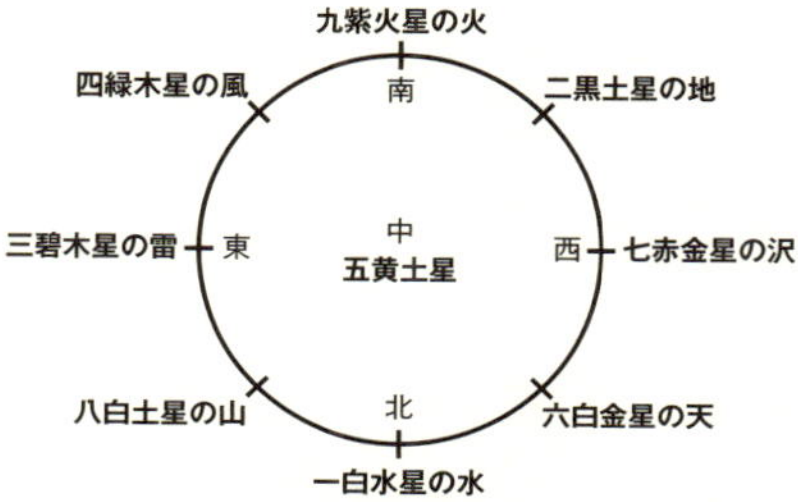

九星図

九星図は後天図と魔方陣を組み合わせたもの

(P) 九星図

【九星図】

後天図と洛書を組み合わせたものが九星図だ。五行を五星と表している。たとえば「六白金星の天」といえば、洛書の六の位置にあり、白色で金気、八卦の天に相当するという意味になる。(P)

【予祝《よしゅく》】

あらかじめ前祝いをすることによって願いを叶えようとする祈りの形式。

おわりに

風水地理という言葉は私の造語だ。もともと中国語の「地理」は「風水」と同じ意味だ。風水地理と言葉を重ねると風水風水となってしまって意味を成さない。この場合の地理は西洋的な地理学（ジオグラフィ）の意味だと考えてほしい。

さて、私が風水に関心を持ったのは、長岡京の跡地に住み始めた三十年ほど前からだ。ここは十年しか続かなかった幻の都だが、町を歩くと古い水路が当時のまま残っていたりする。ところが、長岡京の復元案はまだ完成されたものがない。復元するためにはやはり当時の風水的な常識を知ることから始めるのが早道ではないか。そう思って風水を学び始めた。

都の造りかたが都市防疫と結びついていることはかねてから考えていたが、それが三合を使った予祝になっていることは本書執筆中に気づいた。そのほか書くうちに分かったこともあり楽しく作業できた。当初書くつもりだったが紙幅が足らず割愛したものも多い。またこうした機会に恵まれることを希《ねが》う。

風水の勉強はほとんど民俗学者吉野裕子氏の著作に依った。陰陽五行説と易経について総合的に学ぶことのできる著作はいまのところ彼女のものが最適だと思う。風水について関心のあるかたには彼女の著作を繙《ひもと》くことをお薦めする。私が彼女の著書から受けた学恩は計り知れない。本書が少しでもそれに報いることができればと願う。

本書の執筆を持ち掛けてくださったのは編集者のT氏だった。こうして完成できたのは私を最初に推薦してくれた彼のおかげだ。お礼を申し述べたい。

編集担当の青木紀子氏は原稿を見せる度におもしろいと言ってくださった。本書は類書の少ないジャンルなので、どこまで世間に通用するか不安だった。書き上げる自信を得たのは彼女の励ましによるところが大きい。また、図版は磯部祥行氏、しゅうさく氏のお二人の手を煩わした。筆者の無理な注文を快くお引き受けくださり、分かりやすい図版を調えてくださった。本作りには多くの人が関わっている。本書に関わったすべての人と日頃から私の推論を聴いてくれる妻にお礼申し上げる。ありがとうございました。

[引用文献]

出典1　『景印文淵閣四庫全書第五八七冊洛陽伽藍記他』所収、程大昌撰『雍録』台湾商務印書館、一九八六年刊
出典2　吉野裕子著『吉野裕子全集第六巻』所収、「聖徳太子十七条憲法と易」人文書院、二〇〇七年刊
出典3　三浦國雄著『易経』角川学芸出版、二〇一〇年刊
出典4　飯沼賢司著『八幡神とはなにか』角川選書、二〇〇四年刊
出典5　吉田東伍著『大日本地名辞書、上方』冨山房、一九〇〇年刊
出典6　谷川健一著『日本の神々』岩波新書、一九九九年刊
出典7　高原美忠著『八坂神社』学生社、一九七二年刊
出典8　吉野裕子著『ものと人間の文化史39、狐――陰陽五行と稲荷信仰』法政大学出版局、一九八〇年刊
出典9　村井康彦編『よみがえる平安京』淡交社、一九九五年刊
出典10　黄永融著『風水都市』学芸出版社、一九九九年刊

[そのほかの参考文献]

・Yousuke.Enmanji "Study for the city plan of Japanese ancient capitals which was originated from the Book of Changes, "10th ISAIA, 2014（円満字洋介「易経によって創られた古代日本の都についての研究」第十回建築交流国際シンポジウム論文集所収）
・愛宕元著『中国の城郭都市』中公新書、一九九一年刊

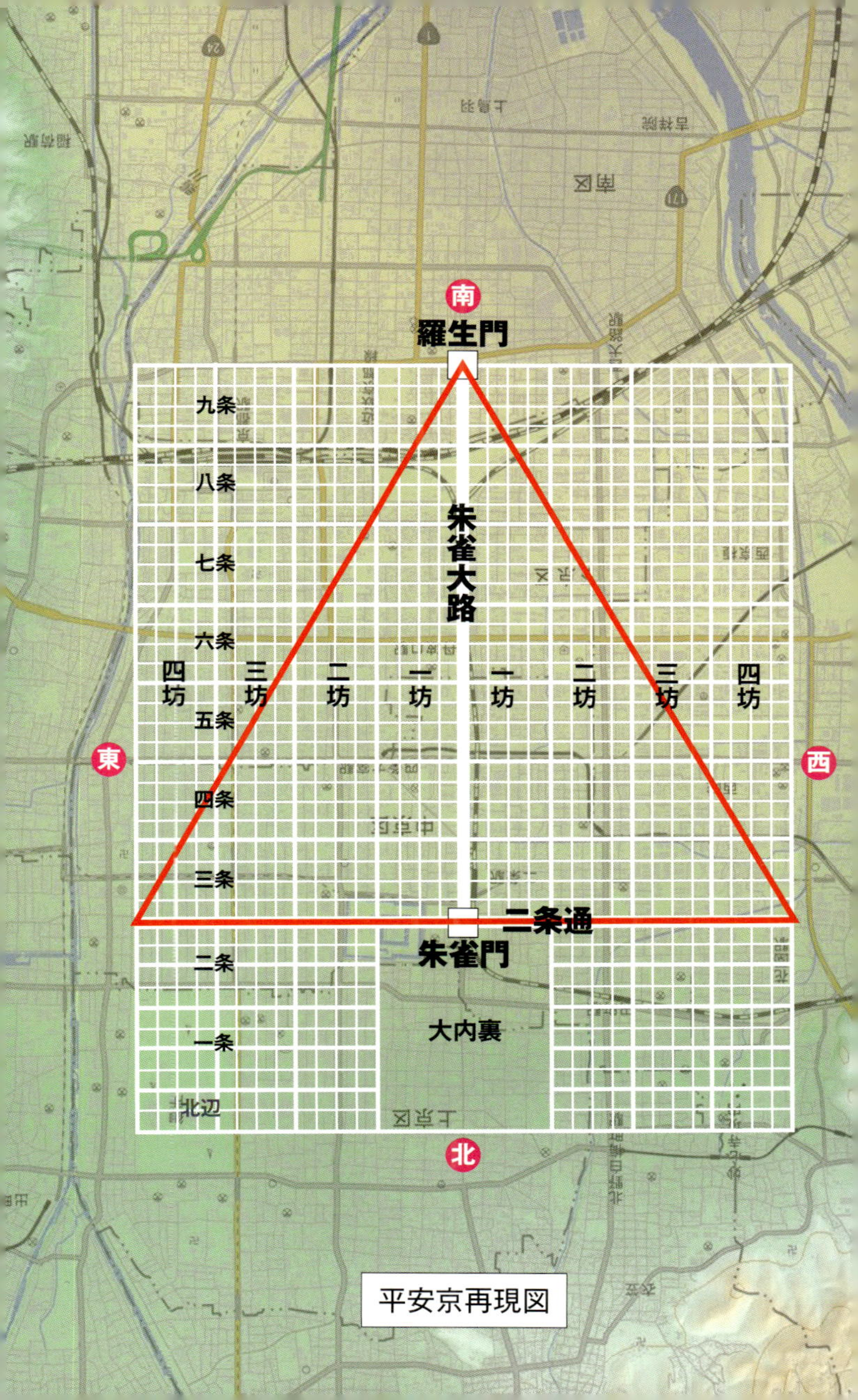
南
羅生門
九条
八条
朱雀大路
七条
六条
四坊
三坊
二坊
一坊
一坊
二坊
三坊
四坊
五条
東
西
四条
三条
二条通
朱雀門
二条
大内裏
一条
北辺
北
平安京再現図

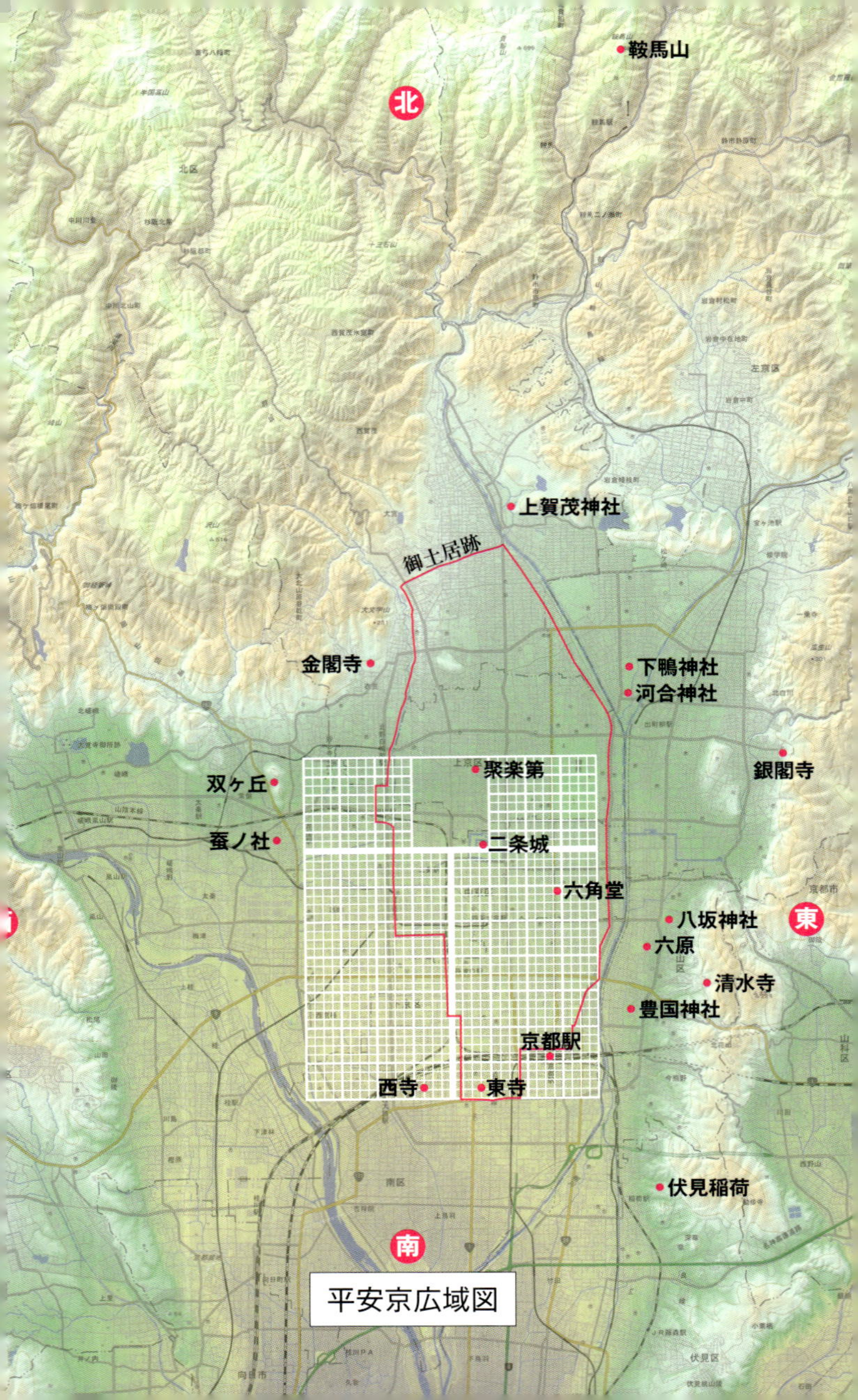
鞍馬山
北
上賀茂神社
御土居跡
金閣寺
下鴨神社
河合神社
銀閣寺
双ヶ丘
聚楽第
蚕ノ社
二条城
六角堂
八坂神社
東
六原
清水寺
豊国神社
京都駅
西寺
東寺
伏見稲荷
南
平安京広域図